HET ULTIEME CURRY INDISCHE KOOKBOEK

100 INDIASE RECEPTEN VOOR CURRIES, DALS, CHUTNEYS, MASALA'S, BIRYANI EN NOG VEEL MEER RECEPTEN

Jip Vos

Alle rechten voorbehouden.

Vrijwaring

De informatie in dit eBook is bedoeld om te dienen als een uitgebreide verzameling strategieën waar de auteur van dit eBook onderzoek naar heeft gedaan. Samenvattingen, strategieën, tips en trucs zijn slechts aanbevelingen van de auteur, en het lezen van dit eBook garandeert niet dat iemands resultaten exact overeenkomen met de resultaten van de auteur. De auteur van het eBook heeft alle redelijke inspanningen geleverd om de lezers van het eBook actuele en nauwkeurige informatie te verschaffen. De auteur en zijn medewerkers kunnen niet aansprakelijk worden gesteld voor eventuele onbedoelde fouten of omissies die kunnen worden gevonden. Het materiaal in het eBook kan informatie van derden bevatten. Materiaal van derden bestaat uit meningen van hun eigenaars. Als zodanig aanvaardt de auteur van het eBook geen verantwoordelijkheid of aansprakelijkheid voor materiaal of meningen van derden. Of het nu gaat om de vooruitgang van het internet, of de onvoorziene veranderingen in het bedrijfsbeleid en de richtlijnen voor redactionele indiening, wat op het moment van schrijven als feit wordt vermeld, kan later achterhaald of niet van toepassing zijn.

Het eBook is copyright © 2023 met alle rechten voorbehouden. Het is illegaal om dit eBook geheel of gedeeltelijk opnieuw te verspreiden, te kopiëren of er afgeleide werken van te maken. Geen enkel deel van dit rapport mag worden gereproduceerd of opnieuw verzonden in welke vorm dan ook zonder de uitdrukkelijke en ondertekende schriftelijke toestemming van de auteur.

Sommario

INVOERING 8

VEGETARISCHE CURRY 10

   1. Thaise Curry Stoofpot 11
   2. Zoete Aardappel Curry 15
   3. Groentecurry in Thaise stijl 19
   4. Aubergine & Munt Curry 22
   5. Thaise gele groentecurry 26
   6. Ui bhaji-curry 30
   7. Spinazie koftas in yoghurtsaus 33
   8. Sri Lankaanse auberginecurry 37
   9. Hete en zure auberginecurry 40
   10. van pompoen en spinazie 43

VIS & ZEEVRUCHTEN CURRY 46

   11. Kokos Garnalen Curry 47
   12. Heilbot – Groentecurry 50
   13. Mossel Curry 54
   14. Citroengras & Garnalen Curry 57
   15. Rode viscurry _ 60
   16. Curry van vis en pinda's 64
   17. Sint-jakobsschelpen en garnalen chu chee 67
   18. Pittige Garnalen 71
   19. Vis in yoghurtcurry 75
   20. Jungle kerrie garnalen 78
   21. Curry inktvis 82
   22. Balinese zeevruchtencurry 85
   23. Goan viscurry 89
   24. Tamarinde viscurry 93
   25. Zure Garnalen & Pompoen Curry 97
   26. Viskofta's in kerriesaus 101

27. Groene curry met visballetjes 105
28. Garnalen met Thaise basilicum 108
29. Romige garnalencurry 111

GEVOGELTE CURRY 113

30. Zoetzure Kip Curry 114
31. Kerriesoep Met Noedels 117
32. Curry in Caribische stijl 121
33. Kip Chowder Curry 124
34. Kippencurry uit de slowcooker 127
35. Thaise Kip Curry 130
36. Kokos Kip Curry 133
37. Ananas Kerrie 136
38. Curry in Indiase stijl 139
39. Pittige Kalkoen Curry 143
40. Eendcurry met ananas 146
41. Rijke kipkofta's 150
42. Boter kip 154
43. Kip & Appel Aubergine Curry 158
44. Birmese kipcurry 162
45. Maleisische kipcurry 165
46. Maleisische kipcurry 169
47. Curry van eend en kokos 173
48. Gekruide kip & amandelen 177
49. Kip in kokosmelk 180
50. Groene Kip kerrie 184
51. Kip & Tomatencurry 188
52. Kip masala 192
53. BBQ eendencurry met lychees 196
54. Kip, amandel en rozijnencurry 200
55. Vietnamese kipcurry 204

RUNDVLEES CURRY 208

5

56. Panang Chili Curry 209
57. Huisgemaakte Rundvleescurry 212
58. Rundvlees & Kokos Curry 217
59. Gehaktbal Curry 220
60. Massaman groentecurry 225
61. Thaise curry met rundvlees en pinda's 229
62. Thaise rode rundvleescurry & aubergines 233
63. Massaman-rundvleescurry 235
64. Peper beef kerrie 239
65. Rundvlees rendang 243
66. Rundvlees & mosterdzaadcurry 246
67. Rundvleesballetjes & ingemaakte knoflook 249
68. Curry van basilicum, rundvlees en peper 252

LAM CURRY 255

69. Lam dhansak 256
70. Lam & Aardappel Curry 260
71. Lamsschenkel & yoghurtcurry 264
72. Lam korma 267
73. Lam Rogan Josh 271
74. Lamsvlees in Balti-stijl 275
75. Zure lams & bamboe curry 277
76. Koriander lamsvlees 282
77. Curry van lam en spinazie 286
78. Lamsgehakt met sinaasappel 290
79. Lamscurry met munt 294
80. Lamsrizala 297

VARKENS CURRY 299

81. Varkenshaasje in Groene Curry 300
82. Appel & Varkenscurry 304
83. Curry-Gegrild Varkensvlees 307
84. Varkenscurry met aubergine 310

85. Sri Lankaanse gefrituurde varkenscurry 314
86. Varkensvlees vindaloo 317
87. Curry van varkensvlees en kardemom 320
88. Varkenscurry met vijf kruiden 323
89. Varkenscurry met groene kruiden 326
90. Curry van varkensvlees, honing en amandel 330

GRANEN/GRANEN CURRY 334

91. Linzen Curry 335
92. Bloemkool & Kikkererwten Curry 338
93. Kikkererwten & Quinoa Curry 341
94. Dale kerrie 344
95. Stom hoor 347
96. Paneer en erwtencurry 351

FRUIT CURRY 354

97. Hete en zure ananascurry 355
98. Zoete curry met varkensvlees en ananas 358
99. Curry van varkensvlees en bittere meloen 361
100. Snapper met groene bananen & mango 364

CONCLUSIE 368

INVOERING

De geschiedenis van curry verwijst naar vele landen en culturen. Van India tot het Midden-Oosten en Azië, curries zijn al eeuwenlang een hoofdbestanddeel van de keuken. Het wordt nu wereldwijd in kommen op eettafels gevonden. Mensen van vele nationaliteiten en etniciteiten genieten van curry.

Het maken van currygerechten kan bijna net zo leuk zijn als het eten ervan. Je kunt helemaal opnieuw beginnen, of, als je nieuw bent met curry, je gerecht maken van een currypasta of kerriepoeder.

Als je je eigen poeder maakt, kun je extra ingrediënten toevoegen, zoals knoflook, kruidenzout of andere soorten kruiden. Een goede eerste curry is een kipcurry of boterkipcurry.

U kunt tijd besparen en geen smaak opofferen als u kant-en-klare currypasta gebruikt. Met deze pasta maak je gemakkelijk heerlijke curries zoals Korma of Tikka Masala. U kunt currypasta gebruiken met groenten en vlees en eventuele extra ingrediënten toevoegen die uw smaakpapillen bevallen.

Als je curry eenmaal klaar is, kun je hem verwarmd serveren met chutney en naanbrood !

VEGETARISCHE CURRY

1. Thaise Curry Stoofpot

Maakt 4 porties

Ingrediënten:

Voor de currypasta:

- 6 pepers met steel en zaadjes, gedroogd
- 1/2 theelepel zout, koosjer
- 1 x onderste 4 "van geschilde, 1" in blokjes gesneden citroengrasstengel
- 2 eetlepels verse laos, geschild, in plakjes
- 2 Eetlepels verse kurkuma, gesneden en geschild
- 1/2 kopje sjalotten, gehakt
- 1/4 kopje knoflookteentjes
- 1 Eetlepel Garnalenpasta, Thais

Voor de stamppot:

- 2 pond. van bijgesneden, 1 & 1/2 "-cubed beef chuck
- 3 Eetlepels sojasaus, Thais
- 2 eetlepels Thaise pepers, gemalen en gedroogd
- 9 kopjes runderbouillon, natriumarm

- 1 kopje sjalotten, gehalveerd
- 3 geschilde, in de lengte gehalveerde, kruislings gesneden wortelen, medium
- 6 bevroren of verse kaffirlimoenblaadjes
- Twee porties: gehakte koriander & gesneden basilicum

Routebeschrijving:

a) Om de currypasta te bereiden, stampt u de pepers en het zout met een stamper in een vijzel gedurende 5-6 minuten. Voeg de andere pasta-ingrediënten een voor een toe in de bovenstaande volgorde, waarbij je ze allemaal volledig verpulvert voordat je de volgende toevoegt. Dit duurt in totaal 15-20 minuten.

b) Om de stoofpot te bereiden, combineer je de currypasta met sojasaus, rundvlees en chilipepers in een grote pan. Roer gelijkmatig, bedek de

c) rundvlees goed. Roer af en toe tijdens het koken gedurende 5-6 minuten op middelhoog vuur. Voeg de bouillon toe. Laten koken.

d) Dek af en zet het vuur laag tot medium-laag. Roer af en toe terwijl het 2 tot 2 & 1/2 uur suddert, tot het vlees zacht wordt maar nog niet uit elkaar valt.

e) Roer de limoenblaadjes, sjalotten en wortelen erdoor. Laat 10-12 minuten sudderen, tot de groenten nauwelijks gaar zijn. Gebruik basilicum en koriander om te garneren en te serveren.

2. Zoete Aardappel Curry

Maakt 4 porties

Ingrediënten:

- 2 eetlepels koolzaadolie
- 1 theelepel mosterdzaad
- 1 theelepel komijnzaad
- 2 middelgrote gehakte uien
- Kosjer zout, naar wens
- Peper, gemalen, naar wens
- 3 fijngehakte teentjes knoflook
- 1 Eetlepel geschilde, gehakte gember
- 1 & 1/2 theelepel kurkuma, gemalen
- Optioneel: 1 theelepel garam masala kruidenmix
- 1 snufje peper, cayennepeper
- 1 lb. van getrimde, gehalveerde spruitjes
- 1 & 1/2 pond. van 1/2 "-in blokjes gesneden en geschilde zoete aardappelen
- 1 x 15-ounce blikje gespoelde kikkererwten
- 2/3 kopje melk, kokosnoot

- 2 gehakte dadels
- Twee porties: Griekse yoghurt

Routebeschrijving:

a) Verhit de olie in een zware, grote pan op middelhoog vuur. Voeg mosterdzaadjes en komijn toe. Roer regelmatig tijdens het koken gedurende een minuut, totdat de mosterdzaadjes beginnen te knappen.

b) Voeg de uien toe en gebruik zout om te kruiden. Roer vaak tijdens het koken gedurende 5-7 minuten, totdat de uien zacht beginnen te worden. Voeg gember en knoflook toe.

c) Roer tijdens het koken gedurende 1-2 minuten, tot geurig. Voeg garam masala (optioneel), cayennepeper toe en roer erdoor en kurkuma. Kruid naar wens.

d) Voeg kikkererwten, spruitjes en zoete aardappelen toe. Kruid naar wens. Voeg 2/3 kopje water en kokosmelk toe en roer. Laten koken. Zet het vuur lager om te laten sudderen.

e) Kook gedurende 18 tot 20 minuten, tot de groenten gaar zijn. Roer de dadels erdoor. Laat de pan onafgedekt staan en laat nog 3-4 minuten sudderen. Serveer met toefjes Griekse yoghurt.

3. Groentecurry in Thaise stijl

Maakt 6 porties

Ingrediënten:

- 1 x 8,8 oz. pakket rijstnoedels, dun
- 1 eetlepel olie, sesam
- 2 Eetlepels currypasta, uitg
- 1 kopje kokosmelk, light
- 1 x 32-oz. pak groentebouillon of natriumarme kippenbouillon
- 1 Eetlepel vissaus of natriumarme sojasaus
- 1 x 14-oz. pakket uitgelekte, in blokjes gesneden, stevige tofu
- 1 x 8 & 3/4-oz. blik uitgelekte, gehalveerde babymaïs, heel
- 1 x 5-oz. blik uitgelekte bamboescheuten
- 1 & 1/2 kopjes verse, gesneden champignons
- 1/2 "in reepjes gesneden middelgrote rode paprika
- Verse doornbasilicumblaadjes, naar wens
- Verse limoenpartjes naar wens

Routebeschrijving:

a) Bereid de noedels volgens de instructies op de verpakking. Leg ze opzij.

b) Verhit olie op medium in een grote soeppan. Voeg de currypasta toe en kook gedurende 1/2 minuut, tot het aromatisch is. Klop de kokosmelk er geleidelijk door tot het goed gemengd is. Voeg sojasaus en bouillon toe en roer erdoor. Laten koken.

c) Voeg groenten en tofu toe aan de pot. Kook gedurende 3 tot 5 minuten, tot de groenten zacht en krokant zijn. Giet de noedels af en voeg ze toe aan het mengsel.

d) Bestrooi individuele porties met gescheurde basilicum en serveer desgewenst samen met verse limoenpartjes.

4. Aubergine & Munt Curry

Maakt 4 porties

Ingrediënten:

- 2 eetlepels kokosolie
- 1 theelepel mosterdzaad
- 1 theelepel komijnzaad
- 3 fijngehakte teentjes knoflook
- 1 Eetlepel verse, fijngehakte gember
- 1 middelgrote, gesnipperde ui
- Zeezout, naar wens
- 1 theelepel kurkuma, gemalen
- 1 snufje cayennepeper
- 2 geraspte tomaten, groot – reserve sap
- 5 kopjes aubergine in blokjes van 1/2 "
- 1 & 1/4 kopjes kikkererwten, uitgelekt en gekookt
- 4 theelepels jalapeño, fijngehakt
- 1 fijngehakte sjalot
- 1 Eetlepel limoensap, vers + extra voor erbij

- 1 theelepel pure honing
- 2 Eetlepels ongezoete kokosnoot, in vlokken
- 1 kopje muntblaadjes, grof gehakt
- 1/4 kopje korianderblaadjes, grof gehakt
- Gemalen peper, naar wens
- Twee porties: yoghurt

Routebeschrijving:

a) Verhit de olie in een grote koekenpan op middelhoog vuur . Voeg mosterdzaadjes en komijn toe. Kook 1/2 minuut en voeg gember toe en knoflook.

b) Roer 1-2 minuten tot de knoflook bruin begint te worden en roer dan de uien en het zout naar wens erdoor. Roer regelmatig tijdens het koken gedurende 4-5 minuten, totdat de uien zacht zijn.

c) Voeg de cayennepeper en kurkuma toe en roer erdoor. Tomaten met sap toevoegen. Voeg 1/4 kopje water, 1 snufje zout, kikkererwten en aubergine toe. Roer en zet het vuur laag tot medium-laag . Dek de pan af. Laat 14-16 minuten sudderen, tot de aubergine gaar is.

d) Haal de pan van het vuur. Voeg de jalapeño, honing, sjalot en limoensap toe. Spatel de munt, kokos en koriander erdoor.

e) Kruid naar wens. Werk af met yoghurt en serveer.

5. Thaise gele groentecurry

Maakt 6 porties

Ingrediënten:

- 8 groene pepers
- 5 rode Aziatische sjalotten, gesnipperd
- 2 teentjes knoflook, geperst
- 1 eetlepel fijngehakte korianderstengel en wortel
- 1 stengel citroengras, alleen het witte gedeelte, fijngehakt
- 2 eetlepels fijngehakte laos
- 1 theelepel gemalen koriander
- 1 theelepel gemalen komijn
- 1 theelepel gemalen kurkuma
- 1 theelepel zwarte peperkorrels
- 1 eetlepel limoensap
- 3 eetlepels olie 1 ui fijngehakt
- 200 g universele aardappelen, in blokjes
- 200 g courgette (courgette), in blokjes
- 150 g rode paprika (paprika), in blokjes

- 100 g gehalveerde bonen, schoongemaakt
- 50 g bamboescheuten, in plakjes
- 250 ml groentebouillon
- 400 ml (14 oz) kokoscrème Thaise basilicum, twee porties

Routebeschrijving:

a) Doe alle ingrediënten voor de currypasta in een keukenmachine, of in een vijzel met stamper, en pureer of stamp tot een gladde pasta.

b) Verhit de olie in een grote pan, voeg de ui toe en bak op middelhoog vuur gedurende 4-5 minuten, of tot ze zacht en net goudbruin zijn. Voeg 2 eetlepels van de gemaakte gele currypasta toe en kook, al roerend, gedurende 2 minuten, of tot geurig.

c) Voeg alle groenten toe en kook al roerend 2 minuten op hoog vuur. Giet de groentebouillon erbij, zet het vuur laag en kook, afgedekt, 15-20 minuten of tot de groenten gaar zijn. Kook, onafgedekt, op hoog vuur gedurende 5-10 minuten, of tot de saus iets is ingedikt.

d) Roer de kokosroom erdoor en breng op smaak met zout. Breng aan de kook, roer regelmatig,

zet het vuur lager en laat 5 minuten sudderen.
Garneer met de Thaise basilicumblaadjes.

6. Ui bhaji-curry

Maakt 4 porties

Ingrediënten:

- 2 eetlepels olie
- 1 theelepel geraspte gember
- 2 teentjes knoflook, geperst
- 425 g geplette tomaten uit blik
- 1 theelepel gemalen kurkuma
- ½ theelepel chilipoeder
- 1½ theelepel gemalen komijn
- 1 theelepel gemalen koriander
- 1½ eetlepel garam masala
- 250 ml (9 oz/1 kop) verdikte (slag)room
- gehakte korianderblaadjes
- 125 g kikkererwtenmeel
- 1 theelepel gemalen kurkuma
- ½ theelepel chilipoeder
- 1 theelepel asafoetida
- 1 ui, dun gesneden

- olie om in te frituren

Routebeschrijving:

a) Verhit de olie in een koekenpan, voeg de gember en knoflook toe en bak 2 minuten, of tot geurig. Voeg de tomaat, kurkuma, chilipoeder, komijn, koriander en 250 ml water toe. Breng aan de kook, zet het vuur lager en laat 5 minuten sudderen, of tot het iets ingedikt is.

b) Voeg de garam masala toe, roer de room erdoor en laat 1-2 minuten sudderen. Haal van het vuur.

c) Om de bhaji's te maken, combineer de besan, kurkuma, chilipoeder en asafoetida met 125 ml water en zout naar smaak. Klop tot een glad beslag en roer dan de ui erdoor.

d) Vul een diepe pan met zware bodem voor een derde met olie en verwarm tot 160°C (315°F), of tot een blokje brood dat in de olie valt, in 30 seconden bruin wordt.

e) Voeg lepels van het uienmengsel in porties toe en bak 1-2 minuten, of tot alles goudbruin is, en laat uitlekken op keukenpapier. Giet de saus over de bhaji's en garneer met de korianderblaadjes.

7. Spinazie koftas in yoghurtsaus

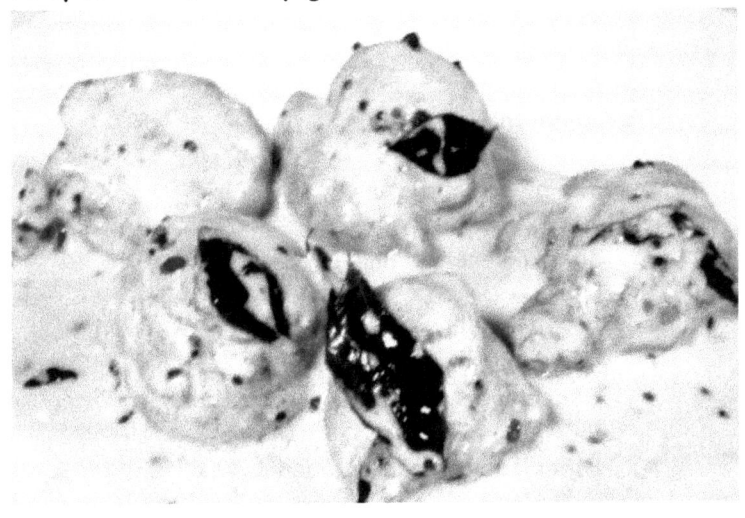

Maakt 4 porties

Ingrediënten:

- 375 g yoghurt naturel
- 35 g kikkererwtenmeel
- 1 eetlepel olie
- 2 theelepels zwarte mosterdzaadjes
- 1 theelepel fenegriekzaden
- 6 kerrieblaadjes
- 1 grote ui, fijngehakt
- 3 teentjes knoflook, geperst
- 1 theelepel gemalen kurkuma
- ½ theelepel chilipoeder

Vesten

- 450 g Engelse spinazie
- 170 g kikkererwtenmeel
- 1 rode ui, fijngehakt
- 1 rijpe tomaat, in fijne blokjes

- 2 teentjes knoflook, geperst
- 1 theelepel gemalen komijn
- 2 eetlepels korianderblaadjes
- olie om in te frituren

Routebeschrijving:

a) Klop voor de yoghurtsaus de yoghurt, besan en 750 ml (26 oz/3 kopjes) water in een kom tot een gladde pasta. Verhit de olie in een pan met dikke bodem of frituurpan op laag vuur.

b) Voeg de mosterd- en fenegriekzaadjes en de kerrieblaadjes toe, dek af en laat de zaadjes 1 minuut poffen.

c) Voeg de ui toe en bak 5 minuten, of tot ze zacht zijn en bruin beginnen te worden.

d) Voeg de knoflook toe en roer 1 minuut, of tot het zacht is. Voeg de kurkuma en chilipoeder toe en roer 30 seconden. Voeg het yoghurtmengsel toe, breng aan de kook en laat 10 minuten op laag vuur sudderen.

e) Blancheer voor de spinaziekofta's de spinazie 1 minuut in kokend water en laat afkoelen in koud water. Giet af en pers eventueel extra water eruit door de spinazie in een vergiet te doen en met een lepel tegen de zijkanten aan te drukken. Snijd de spinazie fijn.

f) Combineer met de resterende kofta-ingrediënten en tot 3 eetlepels water, beetje bij beetje, voeg genoeg toe om het mengsel zacht maar niet slordig te maken. Als het te slordig wordt, voeg dan meer besan toe. Vorm balletjes van het mengsel door het in vochtige handen te rollen, gebruik ongeveer 1 eetlepel mengsel voor elk. Dit zou 12 kofta's moeten maken.

g) Vul een pan met dikke bodem voor een derde met olie en verwarm tot 180°C (350°F), of tot een blokje brood in 15 seconden bruin wordt. Laat de kofta's in porties in de olie zakken en bak ze goudbruin en krokant. Maak de pan niet te vol.

h) Haal de kofta's er tijdens het koken uit, schud overtollige olie eraf en voeg ze toe aan de yoghurtsaus. Verwarm de yoghurtsaus zachtjes, garneer met korianderblaadjes en serveer.

8. Sri Lankaanse auberginecurry

Maakt 6 porties

Ingrediënten:

- 1 theelepel gemalen kurkuma
- 12 dunne aubergines, in rondjes van 4 cm gesneden
- olie om in te frituren
- 2 uien, fijngehakt
- 2 eetlepels Sri Lankaanse kerriepoeder
- 2 teentjes knoflook, geperst
- 8 kerrieblaadjes, grof gehakt, plus extra hele blaadjes voor garnering
- ½ theelepel chilipoeder
- 250 ml kokosroom

Routebeschrijving:

a) Meng de helft van de gemalen kurkuma met 1 theelepel zout en wrijf de aubergine ermee in, zorg ervoor dat de snijvlakken goed bedekt zijn. Doe in een vergiet en laat 1 uur staan. Spoel goed af en leg op een verfrommeld keukenpapier om overtollig vocht te verwijderen.

b) Vul een diepe pan met zware bodem voor een derde met olie en verwarm tot 180°C (350°F), of tot een blokje brood dat in de olie valt, in 15 seconden bruin wordt. Kook de aubergine in delen gedurende 1 minuut, of tot ze goudbruin zijn. Laat uitlekken op verfrommeld keukenpapier.

c) Verhit de extra olie in een grote pan, voeg de ui toe en bak op middelhoog vuur gedurende 5 minuten, of tot ze bruin zijn.

d) Voeg de kerriepoeder, knoflook, kerrieblaadjes, chilipoeder, aubergine en resterende kurkuma toe aan de pan en kook 2 minuten. Roer de kokosroom en 250 ml water erdoor en breng op smaak met zout.

e) Zet het vuur lager en laat op laag vuur 3 minuten sudderen, of tot de aubergine volledig gaar is en de saus iets is ingedikt. Garneer met extra kerrieblaadjes.

9. Hete en zure auberginecurry

Maakt 4 porties

Ingrediënten:

- 1 grote (ongeveer 500 g) aubergine
- 2 kleine tomaten
- 2 eetlepels olie
- 3 theelepels fenegriekzaden
- 3 theelepels venkelzaad
- 4 teentjes knoflook, geperst
- 1 grote ui, fijn gesneden
- 4 kerrieblaadjes
- 1½ eetlepel gemalen koriander
- 2 theelepels kurkuma
- 125 ml tomatensap
- 2 eetlepels tamarindepuree
- 2 rode pepers, fijngesneden
- 125 ml kokosroom
- 1 handvol korianderblaadjes, gehakt

Routebeschrijving:

a) Snijd de aubergine in blokjes van 2 cm. Bestrooi met ½ theelepel zout en zet 1 uur opzij. Giet af en spoel af.

b) Snijd de tomaten in grove blokjes. Verhit de olie in een pan met dikke bodem op middelhoog vuur. Voeg het fenegriek- en venkelzaad toe. Voeg als ze beginnen te knetteren de knoflook, ui en kerrieblaadjes toe en bak 3-5 minuten of tot de ui glazig is.

c) Voeg de aubergine toe en roer 6 minuten, of tot hij zacht begint te worden. Voeg de gemalen kruiden, tomaten, tomatensap, tamarinde en gesneden verse pepers toe.

d) Breng aan de kook, laat sudderen, dek af en laat ongeveer 35 minuten koken, of tot de aubergine heel zacht is. Roer de kokosroom en koriander erdoor en breng op smaak.

10. van pompoen en spinazie

Maakt 6 porties

Ingrediënten:

- 3 kandelaars
- 1 eetlepel rauwe pinda's
- 3 rode Aziatische sjalotten, gesnipperd
- 2 knoflookteentjes
- 2-3 theelepels sambal oelek
- 1 theelepel gemalen kurkuma
- 1 theelepel geraspte laos
- 2 eetlepels olie
- 1 ui, fijngehakt
- 600 g flespompoen (pompoen), in blokjes van 2 cm gesneden
- 125 ml groentebouillon
- 350 g Engelse spinazie, grof gehakt
- 400 ml kokosroom
- 1 theelepel suiker

Routebeschrijving:

a) Doe alle ingrediënten voor de currypasta in een keukenmachine, of in een vijzel met stamper, en pureer of stamp tot een gladde pasta.

b) Verhit de olie in een grote pan, voeg de currypasta toe en kook, al roerend, op laag vuur gedurende 3-5 minuten, of tot geurig. Voeg de ui toe en bak nog 5 minuten, of tot hij zacht is.

c) Voeg de pompoen en de helft van de groentebouillon toe en kook, afgedekt, 10 minuten, of tot de pompoen bijna gaar is. Voeg indien nodig meer voorraad toe.

d) Voeg de spinazie, kokosroom en suiker toe en breng op smaak met zout. Breng onder voortdurend roeren aan de kook, zet het vuur lager en laat 3-5 minuten sudderen, of tot de spinazie gaar is en de saus iets is ingedikt. Serveer onmiddellijk.

VIS & ZEEVRUCHTEN CURRY

11. Kokos Garnalen Curry

Maakt 3 porties

Ingrediënten:

- 2/3 kopje kokosmelk, light
- 1 & 1/2 theelepel kerriepoeder
- 1 eetlepel vissaus, gebotteld
- 1 theelepel suiker, bruin
- 1/4 theelepel zout, zee
- 1/4 theelepel peper, zwart
- 1 lb. van gepelde, ontdarmde grote, ongekookte garnalen
- 1 fijngehakte middelgrote rode paprika
- 2 gehakte groene uien
- 1/4 kopje verse, fijngehakte koriander

Voor serveren:

- Gekookte jasmijnrijst, naar wens verwarmd
- Limoenpartjes naar wens

Routebeschrijving:

a) Combineer de eerste 6 ingrediënten in een kleine kom. Roerbak de garnalen in de koekenpan in 2 eetlepels van het zojuist gemaakte kokosmelkmengsel tot de garnalen roze zijn geworden. Verwijder ze en houd ze warm.

b) Voeg de rest van het mengsel van kokosmelk en vissaus, samen met rode pepers en uien toe aan de koekenpan. Laten koken. Roer tijdens het koken tot de groenten zacht en knapperig zijn, 3 tot 4 minuten. Voeg de garnalen toe en daarna de koriander. Verwarm volledig door. Serveer over rijst en met partjes limoen, zoals gewenst.

12. Heilbot - Groentecurry

Maakt 4 porties

Ingrediënten:

Voor de currybodem:

- 2 eetlepels olie, olijven
- 1 kop wortelen, gehakt
- 1 kopje bleekselderij, gehakt
- 1 kopje ui, gehakt
- 1/4 kop gehakte gember, geschild
- 4 grote, gehakte teentjes knoflook
- 3 Eetlepels currypasta, Thais geel
- 4 kopjes geperste wortels
- 1 kop ingeblikte kokosmelk, ongezoet
- 3 kopjes van 1 "in blokjes gesneden gemengde groenten zoals pompoen, paprika's
- Zeezout, naar wens
- Gemalen peper, naar wens

Voor de heilbot:

- 1/2 kopje amandelschilfers
- 4 x 4 oz. Pacifische heilbotfilets, zonder vel
- Zeezout, naar wens
- 1 eiwit, groot
- 2 eetlepels olie, olijven
- Basilicumblaadjes, vers, naar wens

Routebeschrijving:

a) Om de currybasis te bereiden, verwarm je de olie in de pan op middelhoog vuur . Voeg de knoflook, gember, uien, wortels en selderij toe. Roer af en toe tijdens het koken gedurende 10 tot 15 minuten, tot de groenten zacht en geurig zijn.

b) Verhoog het warmteniveau tot middelhoog . Voeg de currypasta toe. Roer tijdens het koken gedurende 2 tot 3 minuten tot de pasta begint te karamelliseren. Voeg het wortelsap toe en zet het vuur hoog. Breng het mengsel vervolgens aan de kook. Verlaag het warmteniveau tot medium-laag . Laat 15 tot 20 minuten sudderen, tot het sap met de helft is verminderd.

c) Zeef de curry door een zeef in een grote kom. Gooi de vaste stoffen uit de zeef. Doe het mengsel terug in dezelfde middelgrote pot. Voeg de kokosmelk en gemengde groenten toe. Roer af en toe tijdens het koken op middelhoog vuur gedurende 8 tot 10 minuten, tot de groenten gaar zijn. Kruid naar wens.

d) Om heilbot te bereiden, verwarm je de oven voor op 350F. Maal de amandelen fijn in een keukenmachine, zonder ze tot pasta te malen. Breng over naar een ondiepe, brede kom. Kruid elke kant van de filets met zeezout. Klop het eiwit in een aparte ondiepe kom tot het nauwelijks schuimt. Doop de bovenkant van de filets in eiwit voordat u ze in amandelen doopt. Druk aan zodat de amandelen goed hechten. Leg ze op een bord met de korst naar boven gericht.

e) Verhit de olie in een ovenvaste koekenpan op middelhoog vuur . Leg de vis in de koekenpan met de korstkanten naar beneden gericht. Laat 3 tot 4 minuten koken, tot de noten goudbruin worden. Draai de filets om. Breng de koekenpan over naar 350F hierboven. Bak gedurende 4 tot 5 minuten, tot de vis in het midden nauwelijks ondoorzichtig is.

f) Verdeel de currybodem over individuele kommen. Leg de filets erop en garneer ze met basilicum en serveer.

13. Mossel Curry

Maakt 4 porties

Ingrediënten:

- 2 Eetlepels plantaardige olie
- 3 gesneden, vervolgens gespoelde en uitgelekte grote prei - alleen lichtgroene en witte delen
- Kosjer zout, naar wens
- Gemalen peper, naar wens
- 2 gesneden teentjes knoflook
- 1/2 theelepel kerriepoeder, matras
- 2 & 1/2 pond. van mosselen – verwijder de baarden
- 1/2 kopje ingeblikte kokosmelk, ongezoet
- Twee porties: 2 eetlepels korianderblaadjes

Routebeschrijving:

a) Verhit de olie in een zware, grote pan op middelhoog vuur . Voeg de prei toe en kruid naar wens. Roer vaak tijdens het koken gedurende 8 tot 10 minuten, totdat ze zacht worden. Voeg kerriepoeder en knoflook toe. Roer tijdens het koken gedurende 1-2 minuten, tot geurig.

b) Voeg kokosmelk, 1 & 1/2 kopjes water en mosselen toe. Breng aan de kook en zet het vuur laag. Dek de pot af.

c) Laat 5-7 minuten koken, tot de mosselen open zijn. Gooi ongeopende mosselen weg. Werk af met koriander en serveer.

14. Citroengras & Garnalen Curry

Maakt 4 porties

Ingrediënten:

- 1 grof gesneden, grote sjalot
- 5 geplette teentjes knoflook
- 2 stengels citroengras – snij lichtgroene delen en bollen in dunne plakjes 1" stuk geschilde en gehakte gember
- 1 ontpitte, fijngehakte jalapeñopeper
- 1 theelepel koriander, gemalen
- 1/2 theelepel komijn, gemalen
- 1/2 kopje korianderblaadjes en zachte stengels + extra om te serveren
- 2 Eetlepels plantaardige olie
- 2 Eetlepels miso, wit
- 2 theelepels suiker, lichtbruin
- 1 x 13 & 1/2-oz. blikje kokosmelk, ongezoet
- Kosjer zout en gemalen peper, naar wens
- 1 lb. van gepelde en ontdarmde grote garnalen
- 2 eetlepels limoensap, vers

- Twee porties: hete rijst & partjes limoen

Routebeschrijving:

a) Verwerk de knoflook, sjalot, gember, citroengras, komijn, koriander, jalapeño, 1 eetlepel olie en 1/2 kopje koriander in een keukenmachine tot je een gladde pasta hebt.

b) Verhit de laatste 1 Eetlepel olie in een pan op middelhoog vuur. Roer de pasta constant tijdens het koken gedurende 5-7 minuten, tot geurig.

c) Meng suiker en miso erdoor. Klop 1/2 kopje water en kokosmelk erdoor. Neem twee Sims mee. Kruid naar wens. Verlaag het vuur en roer de curry af en toe terwijl hij suddert tot de smaken zacht zijn en samenkomen, 20 tot 25 minuten.

d) Voeg de garnalen toe aan de curry. Laat 3-4 minuten sudderen, tot ze net gaar zijn. Haal de pan van het vuur. Roer de thee limoensap door de curry.

e) Verdeel de rijst in individuele kommen en lepel de curry erover. Werk af met koriander. Serveer met verse limoenpartjes.

15. Rode viscurry _

Maakt 4 porties

Ingrediënten:

- 1 sjalot, groot
- 6 teentjes knoflook
- 1 x 2 "geschild, in plakjes gesneden gemberstuk
- 2 Eetlepels plantaardige olie
- 2 Eetlepels currypasta, uitg
- 2 theelepels kurkuma, gemalen
- 1 & 1/2 kopjes hele, ingeblikte, gepelde tomaten + 15 ons sap
- 1 x 13 & 1/2-oz. blikje kokosmelk, ongezoet
- Kosjer zout, naar wens
- 1 lb. van 1 "-gesneden gemengde groenten, zoals wortelen, bloemkool
- 1 lb. van 5 cm gesneden stukjes kabeljauw of heilbot - verwijder het vel
- Om te serveren: rijstnoedels, gekookt, partjes limoen en korianderblaadjes, naar keuze

Routebeschrijving:

a) Maal de sjalot, gember en knoflook fijn in een keukenmachine. Verhit de olie in een grote pan op middelhoog vuur. Voeg het sjalottenmengsel toe aan de pan. Roer vaak tijdens het koken gedurende 4-5 minuten, tot ze goudbruin zijn.

b) Voeg kurkuma en currypasta toe. Roer tijdens het koken gedurende 3-4 minuten tot het mengsel aan de pan begint te kleven en donker van kleur wordt. Verdeel de tomaten en voeg ze en hun sappen toe. Roer vaak tijdens het koken en schraap alle gebruinde stukjes 4-5 minuten weg, totdat de tomaten beginnen af te breken en aan de pan blijven plakken.

c) Roer de kokosmelk erdoor. Kruid naar wens. Roer af en toe terwijl het 8 tot 10 minuten suddert, totdat de smaken versmelten en het mengsel iets dikker wordt. Voeg de groenten toe.

d) Giet er voldoende water bij om de groenten te bedekken. Neem twee Sims mee. Roer af en toe tijdens het koken gedurende 8 tot 10 minuten, totdat de groenten knapperig en mals zijn.

e) Kruid de vis naar wens. Nestel het in de curry. Breng de curry terug om te laten sudderen. Kook 5-6 minuten, tot de vis volledig gaar is. Lepel de curry over de noedels. Werk af met een scheutje verse limoen en koriander. Dienen.

16. Curry van vis en pinda's

Maakt 6 porties

Ingrediënten:

- 50 g sesamzaadjes
- 1 theelepel cayennepeper
- ¼ theelepel gemalen kurkuma
- 1 eetlepel gedroogde kokosnoot
- 2 theelepels gemalen koriander
- 1 theelepel gemalen komijn
- 40 g krokant gebakken ui
- Gemberstukje van 5 cm (2 inch), fijngehakt
- 2 teentjes knoflook, gehakt
- 3 eetlepels tamarindepuree
- 1 eetlepel knapperige pindakaas
- 1 eetlepel geroosterde pinda's
- 8 kerrieblaadjes, plus extra om te serveren
- 1 kg (2 lb 4 oz) stevige witte visfilets, in blokjes van 2 cm (¾ in) zonder vel gesneden
- 1 eetlepel citroensap

Routebeschrijving:

a) Doe de sesamzaadjes in een koekenpan met dikke bodem op middelhoog vuur en roer tot ze goudbruin zijn. Voeg de cayennepeper, kurkuma, kokosnoot, gemalen koriander en gemalen komijn toe en roer nog een minuut, of tot aromatisch. Zet opzij om af te koelen.

b) Doe de gebakken uien, gember, knoflook, tamarinde, 1 theelepel zout, pindakaas, geroosterde pinda's, sesamkruidenmix en 500 ml heet water in een keukenmachine en maal tot het mengsel een gladde, dikke consistentie heeft.

c) Doe de saus en de kerrieblaadjes in een koekenpan met dikke bodem op middelhoog vuur en breng aan de kook. Dek af en laat 15 minuten op laag vuur sudderen, voeg dan de vis in een enkele laag toe.

d) Laat nog 5 minuten sudderen, afgedekt, of tot de vis net gaar is. Roer voorzichtig het citroensap erdoor en breng op smaak goed te proeven. Garneer met curryblaadjes en serveer.

17. Sint-jakobsschelpen en garnalen chu chee

Maakt 4 porties

Ingrediënten:

- 10 lange rode pepers, gedroogd
- 1 theelepel korianderzaad
- 1 eetlepel garnalenpasta
- 1 eetlepel witte peperkorrels
- 10 kaffirlimoenblaadjes, fijngesneden
- 10 rode Aziatische sjalotten, gesnipperd
- 2 theelepels fijn geraspte kafferlimoenschil
- 1 eetlepel gehakte korianderstengel en wortel, gehakt
- 1 stengel citroengras, alleen het witte gedeelte, fijngehakt
- 3 eetlepels gehakte laos
- 6 teentjes knoflook, geperst
- 540 ml (18½ oz) kokoscrème uit blik
- 500 g sint-jakobsschelpen zonder kuit
- 500 g (1 lb 2 oz) rauwe gamba's (garnalen), gepeld, ontdarmd, staarten intact

- 2-3 eetlepels vissaus
- 2-3 eetlepels palmsuiker (rietsuiker)
- 8 kaffirlimoenblaadjes, fijngesneden
- 2 rode chilipepers, in dunne plakjes
- 1 flinke hand Thaise basilicum

Routebeschrijving:

a) Week de chilipepers 5 minuten in kokend water, of tot ze zacht zijn. Verwijder de stengel en de zaden en hak ze fijn. Bak het korianderzaad, de in folie gewikkelde garnalenpasta en de peperkorrels 2-3 minuten in een koekenpan op middelhoog vuur, of tot ze geurig worden.

b) Laat afkoelen. Gebruik een vijzel met stamper of een kruidenmolen om de koriander en peperkorrels fijn te malen of te malen tot een poeder.

c) Doe de gehakte chilipepers, garnalenpasta en gemalen koriander en peperkorrels met de overige ingrediënten voor de currypasta in een keukenmachine of in een vijzel met stamper en pureer of stamp tot een gladde pasta.

d) Doe de dikke kokosroom van de bovenkant van de blikken in een steelpan, breng snel aan de kook op middelhoog vuur, roer af en toe, en kook gedurende 5-10 minuten, of tot het mengsel 'splitst' (de olie begint te scheiden).

e) Roer 3 eetlepels van de currypasta erdoor, zet het vuur lager en laat 10 minuten sudderen, of tot geurig.

f) Roer de resterende kokosroom, sint-jakobsschelpen en garnalen erdoor en kook 5 minuten, of tot ze gaar zijn. Voeg de vissaus, palmsuiker, kaffirlimoenblaadjes en chili toe en bak 1 minuut. Roer de helft van de Thaise basilicum erdoor en garneer met de overige blaadjes.

18. Pittige Garnalen

Maakt 4 porties

Ingrediënten:

- 1 kg (2 lb 4 oz) rauwe garnalen, gepeld, ontdarmd, staarten intact
- 1 theelepel gemalen kurkuma
- 3 eetlepels olie
- 2 uien, fijngehakt
- 4-6 teentjes knoflook, geplet
- 1-2 groene chilipepers, zonder zaadjes, fijngehakt
- 2 theelepels gemalen komijn
- 2 theelepels gemalen koriander
- 1 theelepel paprikapoeder
- 90 g (3½ oz/1/3 kop) yoghurt
- 80 ml (2½ oz/1/3 kop) verdikte (slag)room
- 1 grote handvol korianderblaadjes, gehakt

Routebeschrijving:

a) Breng 1 liter (35 oz/4 kopjes) water aan de kook in een steelpan. Voeg de gereserveerde garnalenschalen en -koppen toe, zet het vuur lager en laat 2 minuten sudderen.

b) Schuim al het schuim af dat zich tijdens het koken op het oppervlak vormt. Zeef, gooi de schelpen en koppen weg en doe het vocht terug in de pan. Je hebt ongeveer 750 ml (26 oz/3 kopjes) vloeistof nodig (zo nodig aanvullen met water).

c) Voeg de kurkuma en gepelde garnalen toe en kook 1 minuut, of tot de garnalen net roze kleuren, en verwijder dan de garnalen. Reserveer de voorraad.

d) Verhit de olie in een grote pan. Voeg de ui toe en bak op middelhoog vuur al roerend 8 minuten, of tot ze licht goudbruin zijn. Voeg de knoflook en chili toe en kook 1-2 minuten, voeg dan de komijn, koriander en paprika toe en kook al roerend 1-2 minuten, of tot geurig.

e) Voeg geleidelijk de gereserveerde bouillon toe, breng aan de kook en kook, af en toe roerend, gedurende 30-35 minuten, of tot het mengsel tot de helft is ingekookt en verdikt.

f) Haal van het vuur en roer de yoghurt erdoor. Voeg de garnalen toe en roer op laag vuur gedurende 2-3 minuten, of tot de garnalen zijn opgewarmd. Kook niet.

g) Roer de room en korianderblaadjes erdoor. Dek af en laat 15 minuten staan zodat de smaken kunnen intrekken. Verwarm zachtjes en serveer.

19. Vis in yoghurtcurry

Maakt 4 porties

Ingrediënten:

- 1 kg (2 lb 4 oz) stevige witte visfilets zonder vel
- 3 eetlepels olie
- 1 ui, gesnipperd
- 2 eetlepels fijngehakte gember
- 6 teentjes knoflook, geperst
- 1 theelepel gemalen komijn
- 2 theelepels gemalen koriander
- 1 theelepel gemalen kurkuma
- 1 theelepel garam masala
- 185 g yoghurt op Griekse wijze
- 4 lange groene pepers, zonder zaadjes, fijngehakte korianderblaadjes, om te serveren

Routebeschrijving:

a) Snijd elke visfilet in vier stukken en dep ze goed droog. Verhit de olie in een koekenpan met dikke bodem op laag vuur en bak de ui zacht en lichtbruin.

b) Voeg de gember, knoflook en kruiden toe en roer 2 minuten. Voeg de yoghurt en groene peper toe en breng aan de kook, dek af en laat 10 minuten sudderen.

c) Voeg de stukjes vis toe en laat 10-12 minuten sudderen, of tot de vis makkelijk uit elkaar valt en gaar is. Niet te lang koken, anders geeft de vis vloeistof af en zal de saus barsten.

d) Garneer met korianderblaadjes en serveer direct. Als u het gerecht laat staan, kan de vis vocht afgeven en de saus vloeibaarder maken.

20. Jungle kerrie garnalen

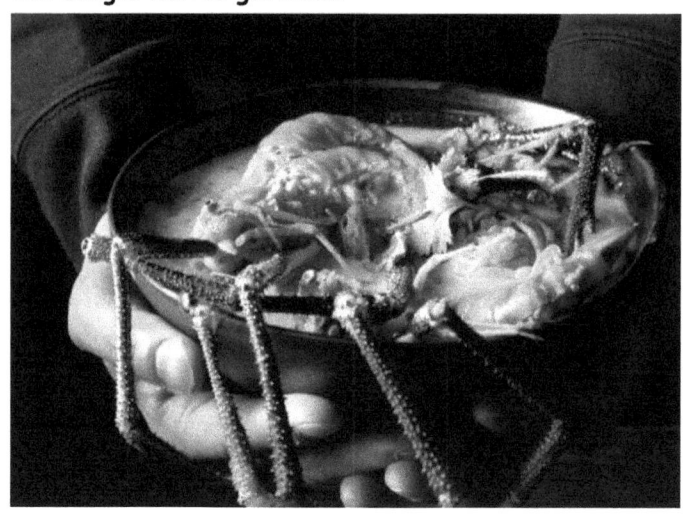

Maakt 6 porties

Ingrediënten:

- 10-12 gedroogde rode pepers
- 1 theelepel witte peper
- 4 rode Aziatische sjalotten
- 4 knoflookteentjes
- 1 stengel citroengras, alleen het witte gedeelte, gehakt
- 1 eetlepel fijngehakte laos
- 2 korianderwortels
- 1 eetlepel fijngehakte gember
- 1 eetlepel droog geroosterde garnalenpasta
- 1 eetlepel arachideolie
- 1 teentje knoflook, geplet
- 1 eetlepel vissaus
- 30 g gemalen kandelaars
- 300 ml visbouillon
- 1 eetlepel whisky

- 3 kaffir limoenblaadjes, doorn

- 600 g (1 lb 5 oz) rauwe garnalen (garnalen), gepeld en ontdarmd, staarten intact

- 1 kleine wortel, in de lengte in vieren gesneden, diagonaal dun gesneden

- 150 g (5½ oz) kousenband (kousenband), in stukken van 2 cm (¾ in) gesneden

- 50 g bamboescheuten

- Thaise basilicum, twee porties

Routebeschrijving:

a) Week de chilipepers 5 minuten in kokend water, of tot ze zacht zijn. Verwijder de stengel en de zaden en hak ze fijn. Doe de chilipepers en de overige ingrediënten voor de currypasta in een keukenmachine of in een vijzel met stamper en pureer of stamp tot een gladde pasta. Voeg eventueel wat water toe als het te dik is.

b) Verhit een wok op middelhoog vuur, voeg de olie toe en roer om te coaten. Voeg de knoflook en 3 eetlepels van de currypasta toe en bak al roerend 5 minuten. Voeg de vissaus, gemalen kandelaars, visbouillon, whisky, kaffirlimoenblaadjes, garnalen, wortel, bonen en bamboescheuten toe.

c) Breng aan de kook, zet het vuur lager en laat 5 minuten sudderen, of tot de garnalen en groenten gaar zijn. Werk af met Thaise basilicum en serveer.

21. Curry inktvis

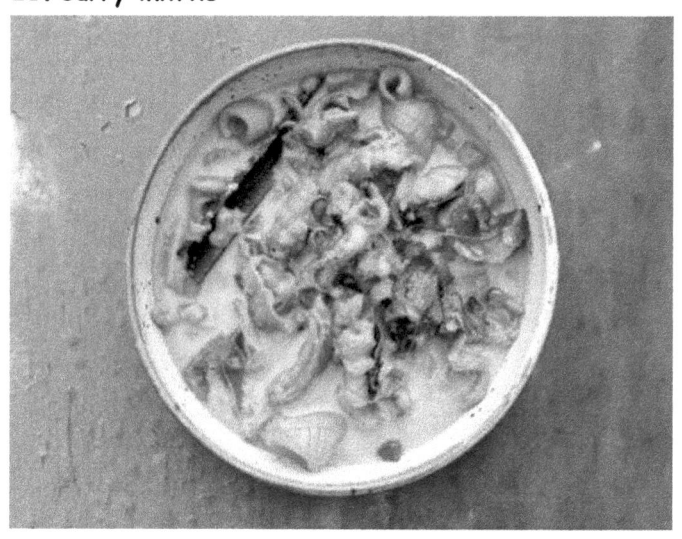

Maakt 4 porties

Ingrediënten:

- 1 kg inktvis
- 1 theelepel komijnzaad
- 1 theelepel korianderzaad
- 1 theelepel chilipoeder
- 1 theelepel gemalen kurkuma
- 2 eetlepels olie
- 1 ui, fijngehakt
- 10 kerrieblaadjes, plus extra voor garnering
- 1 theelepel fenegriekzaden
- 4 teentjes knoflook, geperst
- 7 cm ($2\frac{3}{4}$ in) stuk gember, geraspt
- 100 ml kokosroom
- 3 eetlepels limoensap

Routebeschrijving:

a) Trek de inktviskoppen en tentakels uit hun lichaam, samen met eventuele ingewanden, en gooi ze weg. Schil de schillen. Spoel de lichamen goed af, trek de doorzichtige stekels eruit en snijd de lichamen in ringen van 2,5 cm (1 inch).

b) Bak het komijn- en korianderzaad droog in een koekenpan op middelhoog vuur gedurende 2-3 minuten, of tot geurig. Laat afkoelen. Gebruik een vijzel met een stamper of een kruidenmolen om te pletten of te malen tot een poeder. Meng de gemalen komijn en koriander met het chilipoeder en de gemalen kurkuma. Voeg de inktvis toe en meng goed.

c) Verhit de olie in een koekenpan met dikke bodem en bak de ui lichtbruin. Voeg de curryblaadjes, fenegriek, knoflook, gember en kokosroom toe.

d) Breng langzaam aan de kook. Voeg de inktvis toe en roer goed door. Laat 2-3 minuten sudderen, of tot ze gaar en zacht zijn. Roer het limoensap erdoor, breng op smaak en serveer gegarneerd met kerrieblaadjes.

22. Balinese zeevruchtencurry

Maakt 6 porties

Ingrediënten:

- 1 eetlepel korianderzaad
- 1 theelepel garnalenpasta
- tomaten
- 5 rode pepers
- 5 teentjes knoflook, geperst
- stengels citroengras, alleen het witte gedeelte, gehakt
- 1 eetlepel gemalen amandelen
- ¼ theelepel gemalen nootmuskaat
- 1 theelepel gemalen kurkuma
- 60 g tamarindepuree
- 3 eetlepels limoensap
- 250 g stevige witte visfilets zonder vel, in blokjes van 3 cm gesneden
- 3 eetlepels olie
- rode uien, gehakt
- rode pepers, zonder zaadjes, in plakjes

- 400 g (14 oz), rauwe garnalen (garnalen), gepeld en ontdarmd, staarten intact

- 250 g inktvisbuizen, in ringen van 1 cm gesneden

- 125 ml visbouillon

- geraspte Thaise basilicum, twee porties

Routebeschrijving:

a) Bak de korianderzaadjes en de garnalenpasta gewikkeld in folie in een koekenpan op middelhoog vuur gedurende 2-3 minuten, of tot geurig. Laat afkoelen. Gebruik een vijzel met een stamper of een kruidenmolen om de korianderzaadjes fijn te malen of te malen tot een poeder.

b) Kerf een kruisje in de onderkant van de tomaten, doe ze in een hittebestendige kom en bedek ze met kokend water. Laat 30 seconden staan en giet dan in koud water en pel de huid weg van het kruis.

c) Snijd de tomaten doormidden en schep de zaadlijsten eruit. Verwijder de zaadjes en hak het tomatenvlees grof.

d) Doe het gemalen korianderzaad, de garnalenpasta en tomaat met de overige ingrediënten voor de currypasta in een keukenmachine of in een vijzel met stamper en maal of stamp tot een gladde pasta.

e) Doe het limoensap in een kom en breng op smaak met zout en versgemalen zwarte peper. Voeg de vis toe, schep goed om en laat 20 minuten marineren.

f) Verhit de olie in een pan of wok, voeg de ui, gesneden rode peper en currypasta toe en kook, af en toe roerend, op laag vuur gedurende 10 minuten, of tot geurig. Voeg de vis en garnalen toe en roer om het currypastamengsel te bedekken.

g) Laat 3 minuten koken, of tot de garnalen net roze kleuren, voeg dan de inktvis toe en kook 1 minuut.

h) Voeg de bouillon toe en breng aan de kook, zet het vuur lager en laat 2 minuten sudderen, of tot de zeevruchten gaar en zacht zijn. Breng op smaak met zout en versgemalen zwarte peper.

i) Werk af met de gesnipperde basilicumblaadjes.

23. Goan viscurry

Maakt 6 porties

Ingrediënten:

- 3 eetlepels olie
- 1 grote ui, fijngehakt
- 4-5 teentjes knoflook, geplet
- 2 theelepels geraspte gember
- 4-6 gedroogde rode pepers
- 1 eetlepel korianderzaad
- 2 theelepels komijnzaad
- 1 theelepel gemalen kurkuma
- ¼ theelepel chilipoeder
- 30 g gedroogde kokosnoot
- 270 ml kokosmelk
- 2 tomaten, geschild en in stukjes gesneden
- 2 eetlepels tamarindepuree
- 1 eetlepel witte azijn
- 6 kerrieblaadjes

- 1 kg (2 lb 4 oz) stevige witte visfilets, zonder vel, in stukken van 8 cm (3¼ in) gesneden

Routebeschrijving:

a) Verhit de olie in een grote pan. Voeg de ui toe en kook, al roerend, op laag vuur gedurende 10 minuten, of tot hij zacht en licht goudbruin is. Voeg de knoflook en gember toe en bak nog 2 minuten.

b) Bak de gedroogde pepers, korianderzaad, komijnzaad, gemalen kurkuma, chilipoeder en gedroogde kokosnoot in een koekenpan op middelhoog vuur gedurende 2-3 minuten, of tot geurig. Laat afkoelen. Gebruik een vijzel met een stamper of een kruidenmolen om te pletten of te malen tot een poeder.

c) Voeg het kruidenmengsel, kokosmelk, tomaat, tamarinde, azijn en kerrieblaadjes toe aan het uienmengsel.

d) Roer om goed te mengen, voeg 250 ml (9 oz/1 kopje) water toe en laat, onder regelmatig roeren, 10 minuten sudderen, of tot de tomaat zacht is en het mengsel iets is ingedikt.

e) Voeg de vis toe en kook, afgedekt, op laag vuur gedurende 10 minuten, of tot hij gaar is.

f) Roer tijdens het koken een of twee keer voorzichtig door en voeg een beetje water toe als het mengsel te dik is.

24. Tamarinde viscurry

Maakt 4 porties

Ingrediënten:

- 600 g stevige witte visfilets zonder vel
- 1 theelepel kurkuma
- snufje saffraanpoeder
- 3 teentjes knoflook, geperst
- 2 theelepels citroensap
- 1 theelepel komijnzaad
- 2 eetlepels korianderzaad
- 1 theelepel witte peperkorrels
- 4 kardemompeulen, gekneusd
- 2½ eetlepel fijngehakte gember
- 2 rode pepers, fijngesneden
- 2 eetlepels olie
- 1 ui, gesnipperd
- 1 rode paprika, in vierkanten van 2 cm gesneden
- 1 groene paprika (paprika), in vierkanten van 2 cm gesneden

- 4 Roma (pruim)tomaten, in blokjes

- 2 eetlepels tamarindepuree

- 185 g yoghurt naturel

- 2 eetlepels gehakte koriander

Routebeschrijving:

a) Spoel de visfilets af en dep ze droog. Prik de filets in met een vork. Combineer de kurkuma, saffraan, knoflook, citroensap en 1 theelepel zout en wrijf over de visfilets. Zet 2-3 uur in de koelkast.

b) Bak de komijnzaadjes, korianderzaadjes, peperkorrels en kardemom droog in een koekenpan op middelhoog vuur gedurende 2-3 minuten, of tot ze geurig zijn. Laat afkoelen.

c) Gebruik een vijzel met een stamper, of een kruidenmolen, plet of maal tot een poeder en combineer met de gember en pepers.

d) Verhit de olie in een pan met dikke bodem op middelhoog vuur en voeg de gesnipperde ui, rode en groene paprika en gemalen kruidenmix toe.

e) Kook zachtjes gedurende 10 minuten, of tot aromatisch en de ui transparant is. Zet het vuur hoog, voeg de tomatenblokjes, 250 ml water en de tamarindepuree toe. Breng aan de kook, laat sudderen en kook gedurende 20 minuten.

f) Spoel de pasta van de vis en snijd hem in stukjes van 3 cm. Voeg toe aan de pan en laat nog 10 minuten sudderen.

g) Roer de yoghurt en gehakte koriander erdoor en serveer.

25. Zure Garnalen & Pompoen Curry

Maakt 4 porties

Ingrediënten:

- 250 g pompoen
- 1 Libanese (korte) komkommer
- 400 ml kokosroom
- 1½ eetlepel kant-en-klare rode currypasta
- 3 eetlepels vissaus
- 2 eetlepels geschaafde palmsuiker
- 400 g strozwammen uit blik, uitgelekt
- 500 g (1 lb 2 oz) rauwe garnalen (garnalen), gepeld, ontdarmd, staarten intact
- 2 eetlepels tamarindepuree
- 2 rode chilipepers, fijngehakt
- 1 eetlepel limoensap
- 4 kaffirlimoenblaadjes
- 4 korianderwortels, gehakt
- 1 klein handje taugé, twee porties
- 1 klein handvol korianderblaadjes, twee porties

Routebeschrijving:

a)　Schil de pompoen en snij in blokjes van 2 cm. Schil en snijd de komkommer in de lengte doormidden, schraap de zaadlijsten eruit met een theelepel en snij in dunne plakjes.

b)　Doe de dikke kokosroom van de bovenkant van het blik in een steelpan, breng aan de kook op middelhoog vuur, af en toe roerend, en kook gedurende 5-10 minuten, of tot het mengsel 'splitst' (de olie begint te scheiden). Voeg de pasta toe en roer 2-3 minuten, of tot geurig.

c)　Voeg de vissaus en palmsuiker toe en roer tot het is opgelost.

d)　Voeg de resterende kokosroom, pompoen en 3 eetlepels water toe, dek af en breng aan de kook. Laat sudderen en kook gedurende 10 minuten, of tot de pompoen net zacht begint te worden.

e)　Voeg de strozwammen, garnalen, komkommer, tamarinde, chili, limoensap, kaffirlimoenblaadjes en korianderwortels toe.

f)　Dek af, zet het vuur hoger en breng opnieuw aan de kook. Zet het vuur laag en laat het 3-5 minuten koken, of tot de garnalen net gaar zijn.

g)　Garneer met taugé en korianderblaadjes.

26. Viskofta's in kerriesaus

Maakt 6 porties

Ingrediënten:

Vesten

- 750 g (1 lb 10 oz) stevige witte visfilets, ongeveer zonder vel,
- 1 ui, gesnipperd
- 2-3 teentjes knoflook, geplet
- 1 eetlepel geraspte gember
- 4 eetlepels gehakte koriander
- 1 theelepel garam masala
- theelepel chilipoeder
- 1 ei, lichtgeklopte olie, voor ondiep braden

Tomaten kerriesaus

- 2 eetlepels olie
- 1 grote ui, fijngehakt
- 3-4 teentjes knoflook, geperst
- 1 eetlepel geraspte gember
- 1 theelepel gemalen kurkuma

- 1 theelepel gemalen komijn
- 1 theelepel gemalen koriander
- 1 theelepel garam masala
- ¼ theelepel chilipoeder
- 800 g geplette tomaten uit blik
- 3 eetlepels gehakte koriander

Routebeschrijving:

a) Doe de vis in een keukenmachine, of in een vijzel met stamper, en pureer of stamp tot een gladde pasta. Voeg de ui, knoflook, gember, korianderblaadjes, garam masala, chilipoeder en ei toe en verwerk of stamp tot alles goed gemengd is.

b) Vorm met natte handen 1 eetlepel van het mengsel tot een bal. Herhaal met het resterende mengsel.

c) Verhit voor de tomatencurrysaus de olie in een grote pan, voeg de ui, knoflook en gember toe en kook, onder regelmatig roeren, op middelhoog vuur gedurende 8 minuten, of tot ze licht goudbruin zijn.

d) Voeg de kruiden toe en kook, al roerend, gedurende 2 minuten, of tot aromatisch. Voeg de tomaat en 250 ml (9 oz/1 kopje) water toe, zet het vuur laag en laat , onder regelmatig roeren, 15 minuten sudderen, of tot het ingedikt en ingedikt is.

e) Verhit ondertussen de olie in een grote koekenpan tot een diepte van 2 cm. Voeg de viskofta's in 3 of 4 porties toe en kook 3 minuten, of tot ze rondom bruin zijn. Laat uitlekken op keukenpapier.

f) Voeg de kofta's toe aan de saus en laat op laag vuur 5 minuten sudderen, of tot alles goed is doorgewarmd.

g) Spatel voorzichtig de koriander erdoor, breng op smaak met zout en serveer gegarneerd met koriandertakjes.

27. Groene curry met visballetjes

Maakt 4 porties

Ingrediënten:

- 350 g stevige witte visfilets zonder vel, in grove stukken gesneden
- 3 eetlepels kokoscrème
- 2 eetlepels kant-en-klare groene currypasta
- 440 ml kokosmelk
- 175 g Thaise appelaubergines (aubergines), in kwarten
- 175 g erwtenaubergines
- 2 eetlepels vissaus
- 2 eetlepels geschaafde palmsuiker
- 50 g fijngesneden laos
- 3 kaffirlimoenblaadjes, in tweeën gescheurd
- 1 handvol heilige basilicum om te serveren
- ½ lange rode peper, zonder zaadjes, fijngesneden, om te serveren

Routebeschrijving:

a) Doe de visfilets in een keukenmachine, of in een vijzel met stamper, en maal of stamp tot een gladde pasta.

b) Doe de dikke kokosroom van de bovenkant van het blik in een steelpan, breng aan de kook op middelhoog vuur, af en toe roerend, en kook gedurende 5-10 minuten, of tot het mengsel 'splitst' (de olie begint te scheiden).

c) Voeg de currypasta toe en bak 5 minuten, of tot geurig. Voeg de resterende kokosmelk toe en meng goed.

d) Gebruik een lepel of je natte handen om de vispasta in kleine balletjes te vormen, ongeveer 2 cm ($\frac{3}{4}$ in) doorsnee, en laat ze in de kokosmelk vallen.

e) Voeg de aubergines, vissaus en suiker toe en kook 12-15 minuten, af en toe roerend, of tot de vis en aubergines gaar zijn.

f) Roer de laos en kaffir limoenblaadjes erdoor. Proef en pas indien nodig de smaak aan.

g) Schep in een serveerschaal en besprenkel met extra kokosmelk, basilicumblaadjes en gesneden chili.

28. Garnalen met Thaise basilicum

Maakt 4 porties

Ingrediënten:

- 2 gedroogde lange rode pepers
- 2 stengels citroengras, alleen het witte gedeelte, fijngesneden
- Stuk laos van 2,5 cm (1 inch), fijngesneden
- 5 teentjes knoflook, geperst
- 4 rode Aziatische sjalotten, fijngehakt
- 6 korianderwortels, fijngehakt
- 1 theelepel garnalenpasta
- 1 theelepel gemalen komijn
- 3 eetlepels gehakte ongezouten pinda's
- 600 g (1 lb 5 oz) rauwe garnalen (garnalen), gepeld, ontdarmd, staarten intact
- 2 eetlepels olie
- 185 ml kokosmelk
- 2 theelepels vissaus
- 2 theelepels geschaafde palmsuiker (rietsuiker)
- 1 handvol Thaise basilicumblaadjes, twee porties

Routebeschrijving:

a) Week de chilipepers 5 minuten in kokend water, of tot ze zacht zijn. Verwijder de zaden en stelen en hak ze fijn.

b) Doe de chilipepers en de overige ingrediënten voor de currypasta in een keukenmachine of in een vijzel met stamper en pureer of stamp tot een gladde pasta.

c) Snijd elke garnaal langs de achterkant zodat deze opengaat als een vlinder (laat elke garnaal langs de basis en bij de staart aan elkaar zitten).

d) Verhit de olie in een pan of wok en roerbak 2 eetlepels van de currypasta op middelhoog vuur gedurende 2 minuten, of tot geurig.

e) Voeg de kokosmelk, vissaus en palmsuiker toe en laat enkele seconden meekoken. Voeg de garnalen toe en bak een paar minuten of tot ze gaar zijn. Proef en pas indien nodig de smaak aan.

f) Serveer gegarneerd met Thaise basilicum.

29. Romige garnalencurry

Maakt 4 porties

Ingrediënten:

- 500 g tijgergarnalen, gepeld, darm verwijderd, met intacte staarten
- 1½ eetlepel citroensap
- 3 eetlepels olie
- 1 ui, fijngehakt
- 1 theelepel gemalen kurkuma
- 1 kaneelstokje
- 4 kruidnagels
- 7 kardemompeulen, gekneusd
- 5 Indiase laurierblaadjes (cassia).
- Gemberstukje van 2 cm (¾ in), geraspt
- 3 teentjes knoflook, geperst
- 1 theelepel chilipoeder
- 170 ml kokosmelk

Routebeschrijving:

a) Doe de garnalen in een kom, voeg het citroensap toe, hussel ze door elkaar en laat ze 5 minuten staan. Spoel de garnalen af onder stromend koud water en dep ze droog met keukenpapier.

b) Verhit de olie in een koekenpan met dikke bodem en bak de ui lichtbruin. Voeg de kurkuma, kaneel, kruidnagel, kardemom, laurierblaadjes, gember en knoflook toe en bak 1 minuut.

c) Voeg de chilipoeder, kokosmelk en zout naar smaak toe en breng langzaam aan de kook. Zet het vuur lager en laat 2 minuten sudderen.

d) Voeg de garnalen toe, breng aan de kook, zet het vuur lager en laat 5 minuten sudderen, of tot de garnalen gaar zijn en de saus dik is.

GEVOGELTE CURRY

30. Zoetzure Kip Curry

Maakt 4 porties

Ingrediënten:

- 1 lb. van 1 "-in blokjes gesneden kippenborsten zonder vel
- 1 x 14 & 1/2-oz. blikje gestoofde tomaten in stukjes gesneden
- 1 x 1 "-in blokjes gesneden groene paprika, groot
- 1 gesneden, grote ui
- 1 & 1/2 theelepel kerriepoeder
- 1/2 kopje chutney, mango
- 2 Eetlepels maizena
- 1/4 kopje water, koud

Routebeschrijving:

a) Combineer kip met tomaten, uien, groene paprika, kerriepoeder en mangochutney in de slowcooker. Omslag.

b) Kook op de hoge stand gedurende 3 tot 4 uur, totdat er geen roze meer in het kippenvlees zit.

c) Combineer het water en maïszetmeel tot een gladde massa en roer het mengsel in de slowcooker. Omslag. Kook op de hoge stand tot het ingedikt is, ongeveer 1/2 uur. Dienen.

31. Kerriesoep Met Noedels

Maakt 6 porties

Ingrediënten:

- 2 Eetlepels plantaardige olie
- 3 eetlepels sjalotten, gesnipperd
- 3 fijngehakte teentjes knoflook
- 2 eetlepels citroengras, fijngehakt - gooi de buitenste bladeren weg
- 2 Eetlepels verse gember, geschild, fijngehakt
- 2 eetlepels currypasta, geel
- 2 eetlepels kerriepoeder
- 1 theelepel chilipasta, heet
- 2 x 13 & 1/2 – 14-oz. blikjes kokosmelk, ongezoet
- 5 kopjes kippenbouillon, natriumarm
- 2 & 1/2 eetlepels vissaus
- 2 theelepels suiker, gegranuleerd
- 3 kopjes getrimde peultjes
- 2 kopjes zoete aardappelen, 1/2 "gepelde blokjes
- 1 lb. van gedroogde noedels, vermicelli

- 3/4 pond. van dun gesneden kippendijen, zonder bot, zonder vel

- 1/2 kopje rode ui, dun gesneden

- 1/4 kopje groene uien, in dunne plakjes gesneden

- 1/4 kop gehakte koriander, vers

- 2 rode pepers, jalapeño

- 1 in partjes gesneden limoen

Routebeschrijving:

a) Verhit de olie in een grote, zware pan op middelhoog vuur. Voeg de volgende vier ingrediënten toe en roer ongeveer een minuut tot geurig.

b) Verlaag het warmteniveau tot medium-laag . Roer de chilipasta, currypasta en kerriepoeder erdoor. Voeg 1/2 kopje kokosmelk toe.

c) Roer een paar minuten tot geurig en dik. Voeg de rest van de kokosmelk toe, samen met de vissaus, bouillon en suiker. Breng vervolgens de bouillon aan de kook en houd deze warm.

d) Kook de peultjes in een pan met gezouten, kokend water gedurende 1/2 minuut, tot ze heldergroen zijn. Gebruik de zeef om de erwten uit de pot te halen. Koel af door af te spoelen onder kraanwater. Doe de erwten in een middelgrote kom. Breng de pan met water weer aan de kook. Voeg de zoete aardappel toe. Kook gedurende zeven minuten, tot ze gaar zijn.

e) Gebruik een zeef om de zoete aardappelen uit de pot te halen. Koel af door af te spoelen onder kraanwater. Plaats in een kleine kom. Breng dezelfde pot water weer aan de kook. Kook de noedels 5-6 minuten, tot ze stevig maar zacht zijn. Giet af en spoel in koud water tot het afgekoeld is. Doe de noedels in een magnetronbestendige kom.

f) Breng de bouillon aan de kook. Voeg de kip toe. Laat 10-12 minuten sudderen tot de kip volledig gaar is. Voeg de zoete aardappelen toe. Roer gedurende een minuut of zo, verwarm door. Verwarm de noedels in een magnetron met tussenpozen van 30 seconden om weer op te warmen.

g) Verdeel de noedels over individuele kommen. Verdeel verwarmde soep en peultjes in kommen. Bestrooi de soep met pepers, koriander, groene uien en rode uien. Dienen.

32. Curry in Caribische stijl

Maakt 8 porties

Ingrediënten:

- 1 Eetlepel kerriepoeder
- 1 theelepel peper, gemalen
- 1 theelepel knoflookpoeder
- 8 kippendijen, zonder vel, zonder bot
- 1 dun gesneden middelgrote ui
- 1 & 1/2 kopjes creoolse mojo -marinade
- 2 Eetlepels olie, canola
- 2 Eetlepels Van meel, universeel

Routebeschrijving:

a) Combineer de kerriepoeder met knoflookpoeder & gemalen peper. Sprenkel het mengsel over de kip en druk naar beneden, zodat het aan de kip hecht.

b) Doe de kip in de slowcooker. Bestrooi met de uien. Giet de marinade voorzichtig langs de binnenkant van de slowcooker, maar vermijd de kip zodat de coating intact blijft.

c) Bedek de slowcooker. Kook op de lage stand gedurende 4 tot 6 uur. Haal de kip eruit en houd hem warm.

d) Giet sappen uit de slowcooker in de maatbeker en schep het vet eraf. Verhit olie in een grote pan op middelhoog vuur. Klop de bloem tot een gladde massa. Klop geleidelijk de kookvocht erdoor.

e) Breng het mengsel aan de kook. Roer constant tijdens het koken gedurende 1 tot 2 minuten, totdat het mengsel dikker wordt. Verlaag het warmteniveau.

f) Voeg de kip toe. Laat 5-7 minuten sudderen. Dienen.

33. Kip Chowder Curry

Maakt 8 porties

Ingrediënten:

- 1 Eetlepel boter, ongezouten
- 2 gesnipperde uien, medium
- 2 theelepels kerriepoeder
- 2 gesneden ribben van bleekselderij
- Een scheutje cayennepeper
- 1/4 theelepel zout, koosjer
- 1/4 theelepel peper, gemalen
- 5 kopjes maïs, bevroren
- 3 x 14 & 1/2-oz. blikken kippenbouillon, natriumarm
- 1/2 kopje bloem, voor alle doeleinden
- 1/2 kopje melk, 2%
- 3 kopjes kipfilet, in blokjes gesneden en gekookt
- 1/3 kop gehakte koriander, vers

Routebeschrijving:

a) Verhit de boter in een grote pan op middelhoog vuur. Voeg bleekselderij en uien toe. Roer tijdens het koken tot ze gaar zijn. Roer de kruiden erdoor en kook nog 1/2 minuut.

b) Roer de bouillon en maïs erdoor en breng aan de kook. Zet het vuur lager en dek de pan af. Laat 15-20 minuten sudderen.

c) Klop de melk en bloem in een kleine kom tot een gladde massa en roer het door de soep. Breng weer aan de kook. Roer tijdens het koken tot het ingedikt is, ongeveer twee minuten. Roer koriander en kip erdoor en verwarm volledig door. Dienen.

34. Kippencurry uit de slowcooker

Maakt 6 porties

Ingrediënten:

- 6 halve kipfilet, zonder vel, zonder bot
- 1 & 1/4 theelepel zout, koosjer
- 1 x 14-oz. blikje kokosmelk, light
- 1/2 theelepel kurkuma, gemalen
- 1/2 theelepel cayennepeper
- 1 theelepel kerriepoeder
- 3 gesneden groene uien
- 2 eetlepels water, koud
- 2 Eetlepels maizena
- 1-2 eetlepels limoensap
- 3 kopjes gekookte, hete rijst

Routebeschrijving:

a) Strooi zout over de kip. Smeer een grote koekenpan met antiaanbaklaag in met kookspray. Bak vervolgens de kip aan elke kant bruin en doe ze in een grote slowcooker.

b) Meng in een middelgrote kom kokosmelk, kurkuma, cayennepeper en curry. Mengsel over de kip gieten. Bestrooi met 1/2 ui. Omslag. Kook in slowcooker tot de kip zacht wordt, 4 tot 5 uur.

c) Combineer koud water en maïszetmeel tot een gladde massa en roer het mengsel in de slowcooker. Deksel terug plaatsen. Kook op de hoge stand tot de saus dikker wordt, ongeveer een half uur. Roer het limoensap erdoor. Serveer de kip met hete rijst.

d) Giet de saus erover en strooi de rest van de uien erover.

35. Thaise Kip Curry

Maakt 4 porties

Ingrediënten:

- 1 lb. van 1/2 "-in blokjes gesneden kippenborsten, zonder vel, zonder bot
- 1/2 theelepel zout, koosjer
- 1/4 theelepel peper, gemalen
- 1 eetlepel olie, olijf
- 6 dun gesneden groene uien
- 1 fijngehakt teentje knoflook
- 2 Eetlepels maizena
- 1 & 1/2 kopjes bouillon, kip
- 3/4 kopje kokosmelk, licht
- 1 Eetlepel limoensap, vers
- 1 theelepel currypasta, rood
- 1 theelepel sojasaus, natriumarm
- 2 kopjes bruine rijst, gekookt
- 1/4 kop geraspte kokosnoot, ongezoet

Routebeschrijving:

a) Gooi de kip met koosjer zout en gemalen peper. Verhit de olie in een grote koekenpan op middelhoog vuur . Voeg de kip toe. Roer al roerend 2 à 3 minuten tot de buitenkant niet meer roze is. Voeg de knoflook en groene uien toe. Kook nog een minuut.

b) Meng bouillon en maïszetmeel in een kleine kom tot een gladde massa en roer het mengsel in een middelgrote pan. Voeg de kokosmelk, currypasta, sojasaus en limoensap toe. Laten koken. Zet het vuur lager.

c) Laat de pan onafgedekt staan en laat 5 tot 6 minuten sudderen, tot de saus wat ingedikt is. Voeg toe aan het rijstbed en bestrooi met de kokosnoot. Dienen.

36. Kokos Kip Curry

Maakt 6 porties

Ingrediënten:

- 2 x 14 oz. blikjes kokosmelk, light
- 1/3 – 1/2 kopje currypasta, rood
- 1 x 8,80 oz. pakket rijstnoedels, dun
- 2 x 14 & 1/2-oz. blikken kippenbouillon, natriumarm
- 1/4 kopje bruine suiker, verpakt
- 3/4 theelepel knoflookzout
- 2 eetlepels sojasaus of vissaus
- 3 kopjes rotisserie kipreepjes
- 1 & 1/2 kopjes koolsnippers
- 1 & 1/2 kopjes wortelreepjes
- 3/4 kopje taugé
- Korianderblaadjes, vers
- Basilicum, vers

Routebeschrijving:

a) Breng in een grote pan de kokosmelk aan de kook. Onbedekt laten. Kook tot de vloeistof is teruggebracht tot drie kopjes, 10 tot 12 minuten. Voeg de currypasta toe en roer erdoor totdat deze volledig is opgelost.

b) Bereid de noedels volgens de instructies op de verpakking.

c) Voeg bouillon, vissaus, knoflookzout en bruine suiker toe aan het kerriemengsel en breng weer aan de kook. Verlaag vervolgens het vuur. Laat onafgedekt staan en roer af en toe terwijl het suddert, gedurende 10-12 minuten. Roer de kip erdoor en warm helemaal door.

d) Giet de noedels af en verdeel ze over zes afzonderlijke kommen. Schep de soep over de noedels en garneer met groenten, koriander en basilicum. Dienen.

37. Ananas Kerrie

Maakt 6 porties

Ingrediënten:

- 2 x 8 oz. blikjes ongedraineerde, ongezoete stukjes ananas
- 6 ontvelde kipfilethelften, met bot
- 1 x 15-oz. blikje afgespoelde, uitgelekte kikkererwten of kekerbonen
- 1 x 1 "-in blokjes gesneden ui, groot
- 1 kop wortelen, julienned
- 1 reepjes, medium, paprika, rood
- 1/2 kopje kokosmelk, light
- 2 Eetlepels maizena
- 2 eetlepels suiker, gegranuleerd
- 2 fijngehakte teentjes knoflook
- 2 theelepels gehakte gemberwortel, vers
- 3 theelepels kerriepoeder
- 1 theelepel zout, koosjer
- 1 theelepel peper, zwart

- 1 theelepel limoensap, vers is het lekkerst
- 1/2 theelepel geplette pepervlokken, rood
- Voor serveren: gekookte, hete rijst
- 1/3 kopje gehakte basilicum, vers
- Optioneel: geroosterde, geraspte, gezoete kokosnoot

Routebeschrijving:

a) Giet de ananas af. Bewaar 3/4 kopje van het sap. Doe kip, kikkererwten, groenten en ananas in een grote slowcooker.

b) Meng in een kleine kom de kokosmelk met maizena tot je een gladde textuur hebt. Roer de suiker, knoflook, kerriepoeder, gember, koosjer zout, zwarte peper, rode pepervlokken, limoensap & achtergehouden ananassap. Mengsel over de kip gieten.

c) Bedek de slowcooker. Kook op de lage stand gedurende 6 tot 8 uur, tot de kip zacht is geworden. Serveer naast of over rijst. Bestrooi met basilicum en eventueel kokosnoot.

38. Curry in Indiase stijl

Maakt 6 porties

Ingrediënten:

- 2 pond. van kipfilethelften, zonder bot, zonder vel
- 2 theelepels zout, koosjer
- 1/2 kopje olie, plantaardig
- 1 & 1/2 kopjes uien, gehakt
- 1 Eetlepel knoflook, fijngehakt
- 1 Eetlepel kerriepoeder
- 1 & 1/2 theelepel fijngehakte gemberwortel, vers
- 1 theelepel komijn, gemalen
- 1 theelepel kurkuma, gemalen
- 1 theelepel koriander, gemalen
- 1 theelepel peper, cayennepeper
- 1 eetlepel water, gefilterd
- 1 x 15-oz. blik tomaten, geplet
- 1 kopje yoghurt, naturel
- 1 eetlepel gehakte koriander, vers

- 1 theelepel zout, koosjer

- 1/2 kopje water, gefilterd

- 1 theelepel garam masala kruidenmix

- 1 eetlepel gehakte koriander, vers

- 1 Eetlepel citroensap, vers

Routebeschrijving:

a) Bestrooi de kip met 2 theelepels zout.

b) Verhit olie in een grote koekenpan op hoog vuur. Kook kip gedeeltelijk in porties in verwarmde olie tot ze volledig bruin zijn.

c) Leg de gebruinde kip op het bord. Zet het opzij.

d) Zet het vuur onder de koekenpan lager tot middelhoog . Voeg knoflook, gember en uien toe aan de olie die nog in de koekenpan zit. Laat 8-10 minuten koken, tot de uien glazig zijn. Roer 1 Eetlepel water plus komijn, kerriepoeder, cayennepeper, koriander en kurkuma door het uienmengsel. Roer terwijl het een minuut of zo verwarmt.

e) Meng 1 eetlepel gehakte koriander met 1 theelepel zout, tomaten en yoghurt door het uienmengsel. Doe de kipfilet terug in de koekenpan, met eventuele bordsappen.

f) Voeg 1/2 kopje water toe aan het mengsel en breng aan de kook terwijl je de kip omdraait en deze bedekt met saus. Strooi 1 eetlepel koriander en garam masala over de kip.

g) Bedek de koekenpan. Laat 20 tot 25 minuten sudderen, tot de kip niet meer roze is en de sappen helder zijn. Interne temperatuur moet 165F of hoger zijn. Besprenkel met citroensap en serveer.

39. Pittige Kalkoen Curry

Maakt 4 porties

Ingrediënten:

- 1/2 kop wortelen, in plakjes
- 1 kopje bleekselderij, in plakjes
- 1 kopje melk, vetvrij
- 2 Eetlepels maizena
- 3/4 kopje kippenbouillon, laag natriumgehalte
- 2 kopjes gekookte, in blokjes gesneden kip of kalkoen
- 2 eetlepels gedroogde ui, gehakt
- 1/2 theelepel knoflookpoeder
- 1/4 theelepel kerriepoeder
- Optioneel: hete rijst, gekookt

Routebeschrijving:

a) Smeer de koekenpan lichtjes in met anti-aanbakspray. Fruit wortelen en selderij tot ze gaar zijn.

b) Meng 1/4 kopje melk en maïszetmeel in een middelgrote kom. Voeg de rest van de melk en de bouillon toe. Meng tot je een gladde textuur hebt.

c) Giet het mengsel over de groenten. Breng aan de kook en roer tijdens het koken tot het ingedikt is, 2-3 minuten. Voeg kalkoen of kip, knoflook en kerriepoeder en ui toe. Roer af en toe terwijl het volledig doorwarmt.

d) Serveer eventueel naast rijst.

40. Eendcurry met ananas

Maakt 4-6 porties

Ingrediënten:

- 15 gedroogde lange rode pepers
- 1 eetlepel witte peperkorrels
- 2 theelepels korianderzaad
- 1 theelepel komijnzaad
- 2 theelepels garnalenpasta
- 5 rode Aziatische sjalotten, gesnipperd
- 10 teentjes knoflook, gehakt
- 2 stengels citroengras, alleen het witte gedeelte, fijngesneden
- 1 eetlepel gehakte laos
- 2 eetlepels gehakte korianderwortel
- 1 theelepel fijn geraspte kafferlimoenschil
- 1 eetlepel arachideolie
- 8 lente-uitjes (lente-uitjes), diagonaal in plakjes van 3 cm (1¼ inch) gesneden
- 2 teentjes knoflook, geperst

- 1 Chinese geroosterde eend, in grote stukken gesneden

- 400 ml kokosmelk

- 450 g stukjes ananas uit blik op siroop, uitgelekt

- 3 kaffirlimoenblaadjes

- 3 eetlepels gehakte korianderblaadjes

- 2 eetlepels gehakte munt

Routebeschrijving:

a) Week de chilipepers 5 minuten in kokend water, of tot ze zacht zijn. Verwijder de stengel en de zaden en hak ze fijn.

b) Bak de peperkorrels, korianderzaad, komijnzaad en garnalenpasta gewikkeld in folie in een koekenpan op middelhoog vuur gedurende 2-3 minuten, of tot geurig. Laat afkoelen.

c) Plet of maal de peperkorrels, koriander en komijn tot een poeder.

d) Doe de gehakte chilipepers, garnalenpasta en gemalen kruiden met de overige ingrediënten voor de currypasta in een keukenmachine of in een vijzel met stamper en pureer of stamp tot een gladde pasta.

e) Verhit een wok tot zeer heet, voeg de olie toe en draai om de zijkant te bedekken. Voeg de ui, knoflook en 2-4 eetlepels rode currypasta toe en roerbak 1 minuut, of tot geurig.

f) Voeg de geroosterde eendstukjes, kokosmelk, uitgelekte ananasstukjes, kaffirlimoenblaadjes en de helft van de koriander en munt toe. Breng aan de kook, zet het vuur lager en laat 10 minuten sudderen, of tot de eend goed is opgewarmd en de saus iets is ingedikt.

g) Roer de resterende koriander en munt erdoor en serveer.

41. Rijke kipkofta's

Maakt 4 porties

Ingrediënten:

- 2 eetlepels olie
- 1 ui, fijngehakt
- 1 teentje knoflook, geplet
- 1 theelepel fijngehakte gember
- 1 theelepel gemalen komijn
- 1 theelepel garam masala
- ½ theelepel gemalen kurkuma
- 650 g kippendijfilets, bijgesneden
- 2 eetlepels gehakte korianderblaadjes
- 1 eetlepel ghee of olie
- 1 ui, grof gesneden
- 2 teentjes knoflook, geperst
- 2 theelepels garam masala
- ½ theelepel gemalen kurkuma
- 170 ml kokosmelk
- 90 g (3¼ oz/1/3 kop) yoghurt

- 125 ml (4 oz/½ cup) verdikte (slag)room

- 35 g gemalen amandelen

- 2 eetlepels gehakte korianderblaadjes

Routebeschrijving:

a) Verhit voor de kofta's de helft van de olie in een koekenpan. Voeg de ui, knoflook, gember, gemalen komijn, garam masala en gemalen kurkuma toe en kook, al roerend, gedurende 4-6 minuten, of tot de ui zacht is en de kruiden geurig zijn. Laat afkoelen.

b) Doe de kipfilets in batches in een keukenmachine en verwerk tot ze net gehakt zijn.

c) Doe de kip, uienmengsel, koriander en ½ theelepel zout in een kom en meng goed door elkaar. Meet met natte handen 1 eetlepel van het mengsel af en vorm er een bal van.

d) Herhaal met het resterende mengsel. Verhit de resterende olie in een koekenpan met dikke bodem, voeg de kofta's in porties toe en bak ze 4-5 minuten, of tot ze rondom goed bruin zijn. Haal uit de pan en dek af. Doe de ui in een keukenmachine en pureer tot een gladde massa.

e) Verhit de ghee of olie in een koekenpan. Voeg de ui en knoflook toe en bak al roerend 5 minuten tot het mengsel begint in te dikken.

f) Voeg de garam masala en kurkuma toe en kook 2 minuten. Voeg de kokosmelk, yoghurt, room en gemalen amandelen toe.

g) Breng bijna aan de kook, zet het vuur laag en voeg de kofta's toe. Kook, af en toe roerend, gedurende 15 minuten, of tot de kofta's gaar zijn. Roer de koriander erdoor en serveer.

42. Boter kip

Maakt 4 porties

Ingrediënten:

- 2 eetlepels arachideolie
- 1 kg (2 lb 4 oz), in vieren gesneden kippendijfilets
- 100 g (3½ oz) boter of ghee
- 3 theelepels garam masala
- 2 theelepels zoete paprika
- 1 eetlepel gemalen koriander
- 1 eetlepel fijngehakte gember
- 3 theelepels gemalen komijn
- 2 teentjes knoflook, geperst
- 1 theelepel chilipoeder
- 1 kaneelstokje
- 5 kardemompeulen, gekneusd
- 2½ eetlepels tomatenpuree (geconcentreerde puree)
- 1 eetlepel suiker
- 90 g (3¼ oz/1/3 kop) yoghurt

- 185 ml slagroom (opkloppen)
- 1 eetlepel citroensap

Routebeschrijving:

a) Verhit een koekenpan of wok tot zeer heet, voeg 1 eetlepel olie toe en roer om te coaten. Voeg de helft van de kippendijfilets toe en roerbak 4 minuten, of tot ze bruin zijn.

b) Haal uit de pan. Voeg indien nodig extra olie toe, kook de resterende kip en verwijder deze.

c) Zet het vuur lager, voeg de boter toe aan de pan of wok en laat smelten. Voeg de garam masala, zoete paprika, koriander, gember, komijn, knoflook, chilipoeder, kaneelstokje en kardemompeulen toe en roerbak 1 minuut, of tot geurig. Doe de kip terug in de pan en meng de kruiden erdoor zodat hij goed bedekt is.

d) Voeg de tomatenpuree en suiker toe en laat al roerend 15 minuten sudderen, of tot de kip gaar is en de saus is ingedikt.

e) Voeg de yoghurt, room en citroensap toe en laat 5 minuten sudderen, of tot de saus iets is ingedikt.

43. Kip & Appel Aubergine Curry

Maakt 4 porties

Ingrediënten:

- 1 theelepel witte peperkorrels
- 2 eetlepels gedroogde garnalen
- 1 theelepel garnalenpasta
- 2 eetlepels gehakte korianderwortel
- 3 stengels citroengras, alleen het witte gedeelte, in dunne plakjes gesneden
- 3 teentjes knoflook
- 1 eetlepel fijngehakte gember
- 1 rode peper, fijngehakt
- 4 kaffirlimoenblaadjes
- 3 eetlepels vissaus
- 3 eetlepels limoensap
- 1 theelepel gemalen kurkuma
- 500 g kippendijfilets
- 250 g Thaise appelaubergine
- 400 ml kokosroom (blik niet schudden)

- 2 eetlepels geschaafde palmsuiker (rietsuiker)

- 1 rode paprika (paprika), in plakjes

- 230 g waterkastanjes uit blik, in plakjes, uitgelekt

- 1 eetlepel gehakte korianderblaadjes

- 1 eetlepel gehakte Thaise basilicum

Routebeschrijving:

a) Bak de peperkorrels, gedroogde garnalen en de garnalenpasta gewikkeld in folie in een koekenpan op middelhoog vuur gedurende 2-3 minuten, of tot geurig.

b) Laat afkoelen. Gebruik een vijzel met stamper of een kruidenmolen om de peperkorrels fijn te malen of te malen tot een poeder. Verwerk de gedroogde garnalen in een keukenmachine tot ze heel fijn versnipperd zijn en een 'floss' vormen.

c) Doe de geplette peperkorrels, geraspte gedroogde garnalen en de garnalenpasta met de overige ingrediënten voor de currypasta in een keukenmachine of in een vijzel met stamper en pureer of stamp tot een gladde pasta.

d) Snijd de kippendijfilets in blokjes van 2,5 cm. Snijd de aubergine in stukken van vergelijkbare grootte.

e) Doe de dikke kokosroom van de bovenkant van het blik in een steelpan, breng aan de kook op middelhoog vuur, af en toe roerend, en kook gedurende 5-10 minuten, of tot het mengsel 'splitst' (de olie begint te scheiden).

f) Voeg de currypasta toe en roer 5-6 minuten, of tot geurig. Voeg de palmsuiker toe en roer tot deze is opgelost.

g) Voeg de kip, aubergine, paprika, de helft van de overgebleven kokosroom en de waterkastanjes toe. Breng aan de kook, dek af en laat sudderen en kook gedurende 15 minuten, of tot de kip gaar is en de aubergine zacht is.

h) Roer de resterende kokosroom, koriander en basilicum erdoor.

44. Birmese kipcurry

Maakt 6 porties

Ingrediënten:

- 1 eetlepel medium gekruide Indiase kerriepoeder
- 1 theelepel garam masala
- 1 theelepel cayennepeper
- 2 theelepels zoete paprika
- 1,6 kg (3 lb 8 oz) hele kip in 8 stukken gesneden of 1,6 kg (3 lb 8 oz) gemengde kipstukken
- 2 uien, gesnipperd
- 3 teentjes knoflook, geperst
- 2 theelepels geraspte gember
- 2 tomaten, in stukjes
- 2 theelepels tomatenpuree
- 1 stengel citroengras, alleen het witte gedeelte, in dunne plakjes gesneden
- 3 eetlepels olie
- 500 ml kippenbouillon
- 1 theelepel suiker
- 1 eetlepel vissaus

Routebeschrijving:

a) Meng de kerriepoeder, garam masala, cayennepeper en paprikapoeder in een kom.

b) Wrijf deze kruidenmix over de stukken kip en zet opzij.

c) Doe de uien, knoflook, gember, tomaten, tomatenpuree en citroengras in een keukenmachine of in een vijzel met stamper en pureer of stamp tot een gladde pasta.

d) Verhit de olie in een grote koekenpan met dikke bodem (waarin de stukjes kip in een enkele laag passen) op middelhoog vuur, voeg de kip toe en bak rondom bruin, en haal dan uit de pan.

e) Voeg in dezelfde koekenpan de uienpasta toe en kook op laag vuur gedurende 5-8 minuten onder voortdurend roeren. Doe de kip terug in de pan en draai hem om zodat hij met de pasta bedekt is.

f) Voeg de kippenbouillon en de suiker toe en breng aan de kook. Zet het vuur laag, dek af en kook gedurende $1\frac{1}{4}$ uur, of tot de kip heel zacht is. Schep tijdens het koken alle olie af die aan de oppervlakte komt en gooi deze weg.

g) Roer de vissaus erdoor en serveer.

45. Maleisische kipcurry

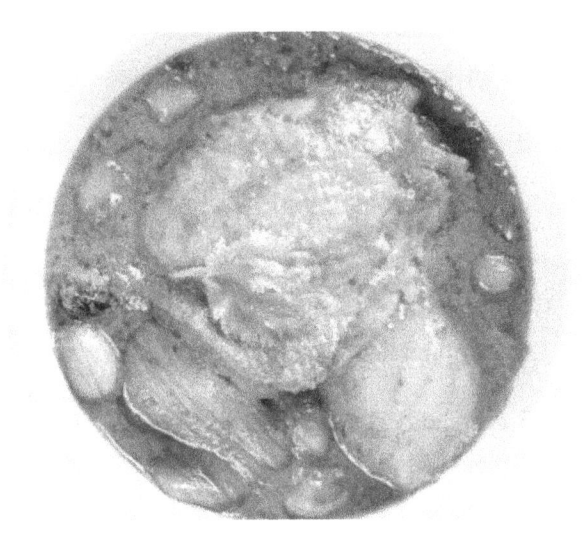

Maakt 4 porties

Ingrediënten:

- 3 theelepels gedroogde garnalen

- 80 ml olie

- 6-8 rode pepers, zonder zaadjes, fijngehakt

- 4 teentjes knoflook, geperst

- 3 stengels citroengras, alleen het witte gedeelte, fijngehakt

- 2 theelepels gemalen kurkuma

- 10 kandelaars

- 2 grote uien, gesnipperd

- 250 ml kokosmelk

- 1,5 kg (3 lb 5 oz) hele kip, in 8 stukken gesneden

- 125 ml kokosroom

- 2 eetlepels limoensap

Routebeschrijving:

a) Doe de garnalen in een koekenpan en droog op laag vuur, terwijl u de pan regelmatig schudt, gedurende 3 minuten, of totdat de garnalen donkeroranje zijn en een sterk aroma afgeven. Laat afkoelen.

b) Doe de garnalen, de helft van de olie, chilipeper, knoflook, citroengras, kurkuma en kandelaars in een keukenmachine of in een vijzel met stamper en pureer of stamp tot een gladde pasta.

c) Verhit de resterende olie in een wok of koekenpan, voeg de ui en ¼ theelepel zout toe en bak, onder regelmatig roeren, op laag-middelhoog vuur gedurende 8 minuten, of tot ze goudbruin zijn.

d) Voeg de kruidenpasta toe en roer 5 minuten. Als het mengsel aan de bodem van de pan begint te plakken, voeg dan 2 eetlepels kokosmelk toe. Het is belangrijk om het mengsel grondig te koken, omdat hierdoor de smaken zich ontwikkelen.

e) Voeg de kip toe aan de wok of pan en kook, al roerend, gedurende 5 minuten, of tot het begint te bruinen.

f) Roer de resterende kokosmelk en 250 ml water erdoor en breng aan de kook. Zet het vuur lager en laat 50 minuten sudderen, of tot de kip gaar is en de saus iets is ingedikt.

g) Voeg de kokosroom toe en breng het mengsel onder voortdurend roeren weer aan de kook. Voeg het limoensap toe en serveer direct.

46. Maleisische kipcurry

Maakt 4 porties

Ingrediënten:

- 1 theelepel garnalenpasta
- 2 rode uien, gesnipperd
- 4 rode pepers, zonder zaadjes
- 4 teentjes knoflook, geperst
- 2 stengels citroengras, alleen het witte gedeelte, in plakjes
- 3 cm (1¼ inch) kubus laos, in plakjes
- 8 kaffirlimoenblaadjes, grof gehakt
- 1 theelepel gemalen kurkuma
- 2 eetlepels olie
- 750 g kippendijfilets, in hapklare stukjes gesneden
- 400 ml kokosmelk
- 3½ eetlepel tamarindepuree
- 1 eetlepel vissaus
- 3 kaffirlimoenblaadjes, versnipperd

Routebeschrijving:

a) Bak de garnalenpasta gewikkeld in folie in een koekenpan op middelhoog vuur gedurende 2-3 minuten, of tot geurig. Laat afkoelen.

b) Doe de garnalenpasta met de overige ingrediënten voor de currypasta in een keukenmachine, of in een vijzel met stamper, en pureer of stamp tot een gladde pasta.

c) Verhit een wok of grote pan op hoog vuur, voeg de olie toe en roer om de zijkant te bedekken. Voeg de currypasta toe en kook, af en toe roerend, op laag vuur gedurende 8-10 minuten, of tot geurig. Voeg de kip toe en roerbak 2-3 minuten met de pasta.

d) Voeg de kokosmelk, tamarindepuree en vissaus toe aan de wok en laat, onder af en toe roeren, 15-20 minuten sudderen, of tot de kip gaar is.

e) Garneer met de geraspte kaffirlimoenblaadjes en serveer.

47. Curry van eend en kokos

Maakt 6 porties

Ingrediënten:

- 1½ theelepel korianderzaad
- 1 theelepel kardemomzaadjes
- 1 theelepel fenegriekzaden
- 1 theelepel bruine mosterdzaadjes
- 10 zwarte peperkorrels
- 1 rode ui, gesnipperd
- 2 teentjes knoflook, geperst
- 4 rode pepers, zonder zaadjes, fijngehakt
- 2 korianderwortels, gehakt
- 2 theelepels geraspte gember
- 2 theelepels garam masala
- 1 theelepel gemalen kurkuma
- 2 theelepels tamarindepuree
- 6 eendenborstfilets
- 1 rode ui, in plakjes
- 125 ml witte azijn

- 500 ml kokosmelk
- 1 klein handvol korianderblaadjes

Routebeschrijving:

a) Bak het koriander-, kardemom-, fenegriek- en mosterdzaad droog in een koekenpan op middelhoog vuur gedurende 2-3 minuten, of tot geurig. Laat afkoelen.

b) Gebruik een vijzel met een stamper of een kruidenmolen om de kruiden met de zwarte peperkorrels tot een poeder te malen of te malen.

c) Doe de gemalen specerijen met de overige ingrediënten voor de currypasta in een keukenmachine, of in een vijzel met stamper, en maak er een gladde pasta van.

d) Verwijder het overtollige vet van de eendenfilets, leg ze met het vel naar beneden in een grote pan en kook op middelhoog vuur gedurende 10 minuten, of tot het vel bruin is en het resterende vet is gesmolten.

e) Draai de filets om en bak ze 5 minuten, of tot ze gaar zijn. Verwijder en laat uitlekken op keukenpapier.

f) Bewaar 1 eetlepel eendenvet, gooi het resterende vet weg. Voeg de ui toe en bak 5 minuten, voeg dan de currypasta toe en roer 10 minuten op laag vuur, of tot geurig.

g) Doe de eend terug in de pan en roer om de pasta te bedekken. Roer de azijn, kokosmelk, 1 theelepel zout en 125 ml water erdoor. Laat 45 minuten sudderen, afgedekt, of tot de filets gaar zijn.

h) Roer vlak voor het serveren de korianderblaadjes erdoor.

48. Gekruide kip & amandelen

Maakt 6 porties

Ingrediënten:

- 3 eetlepels olie
- 30 g geschaafde amandelen
- 2 rode uien, fijngehakt
- 4–6 teentjes knoflook, geperst
- 1 eetlepel geraspte gember
- 4 kardemompeulen, gekneusd
- 4 kruidnagels
- 1 theelepel gemalen komijn
- 1 theelepel gemalen koriander
- 1 theelepel gemalen kurkuma
- ½ theelepel chilipoeder
- 1 kg (2 lb 4 oz) kippendijfilets, bijgesneden
- 2 grote, gepelde, in stukjes gesneden tomaten
- 1 kaneelstokje
- 100 g gemalen amandelen

Routebeschrijving:

a) Verhit 1 eetlepel olie in een grote pan. Voeg de amandelen toe en kook op laag vuur gedurende 15 seconden, of tot ze licht goudbruin zijn. Verwijder en laat uitlekken op een verfrommeld keukenpapier.

b) Verhit de resterende olie, voeg de ui toe en bak al roerend 8 minuten of tot ze goudbruin zijn. Voeg de knoflook en gember toe en kook al roerend 2 minuten, roer dan de kruiden erdoor. Zet het vuur laag en kook gedurende 2 minuten, of tot aromatisch.

c) Voeg de kip toe en kook, onder voortdurend roeren, gedurende 5 minuten, of tot alles goed bedekt is met de kruiden en begint te kleuren.

d) Roer de tomaat, het kaneelstokje, de gemalen amandelen en 250 ml heet water erdoor. Laat 1 uur sudderen, afgedekt, op laag vuur, of tot de kip gaar en zacht is. Roer regelmatig en voeg eventueel nog wat water toe.

e) Laat de pan afgedekt 30 minuten staan zodat de smaken zich kunnen ontwikkelen en verwijder dan het kaneelstokje. Strooi de geschaafde amandelen erover en serveer.

49. Kip in kokosmelk

Maakt 6 porties

Ingrediënten:

- 2 theelepels korianderzaad
- ½ theelepel komijnzaad
- 2 theelepels witte peperkorrels
- 1 theelepel garnalenpasta 30 g gedroogde garnalen
- 2 stengels citroengras, alleen het witte gedeelte, in plakjes
- 2 rode uien, gesnipperd
- 3 teentjes knoflook, geperst
- 1 eetlepel geraspte gember
- 2½ eetlepel geraspte laos
- ¼ theelepel gemalen nootmuskaat
- ¼ theelepel gemalen kruidnagel
- 560 ml kokosroom
- 1,5 kg kip, in 8-10 stukken gesneden
- 800 ml kokosmelk
- 2 eetlepels tamarindepuree

- 1 eetlepel witte azijn
- 1 kaneelstokje

Routebeschrijving:

a) Bak de korianderzaadjes, komijnzaadjes, witte peperkorrels en de garnalenpasta gewikkeld in folie in een koekenpan op middelhoog vuur gedurende 2-3 minuten, of tot geurig. Laat afkoelen.

b) Gebruik een vijzel met stamper of een kruidenmolen om de koriander, komijn en peperkorrels fijn te malen of te malen tot een poeder. Verwerk de garnalen in een keukenmachine tot ze heel fijn versnipperd zijn.

c) Doe de geplette kruiden en de garnalen met de overige ingrediënten voor de currypasta in een keukenmachine, of in een vijzel met stamper, en pureer of stamp tot een gladde pasta.

d) Verhit een grote pan of wok op middelhoog vuur, voeg de kokosroom en currypasta toe en kook al roerend 20 minuten, of tot het dik en olieachtig is.

e) Voeg de kip en de overige ingrediënten toe en laat 50 minuten zachtjes sudderen, of tot de kip gaar is. Breng op smaak en serveer direct.

50. Groene Kip kerrie

Maakt 4-6 porties

Ingrediënten:

- 1 theelepel witte peperkorrels
- 2 eetlepels korianderzaad
- 1 theelepel komijnzaad
- 2 theelepels garnalenpasta
- 1 theelepel zeezout
- 4 stengels citroengras, alleen het witte gedeelte, fijngesneden
- 2 theelepels gehakte laos
- 1 kaffirlimoenblad, fijngesneden
- 1 eetlepel gehakte korianderwortel
- 5 rode Aziatische sjalotten, gesnipperd
- 10 teentjes knoflook, geplet
- 16 lange groene pepers, zonder zaadjes, fijngehakt
- 500 ml kokosroom
- 2 eetlepels geschaafde palmsuiker (rietsuiker)
- 2 eetlepels vissaus

- 4 kaffirlimoenblaadjes, fijngesneden
- 1 kg (2 lb 4 oz) kippendij- of borstfilets, in dikke reepjes gesneden
- 200 g bamboescheuten, in dikke reepjes gesneden
- 100 g (3½ oz) kousenband (kousenband), in stukjes van 5 cm gesneden
- 1 handvol Thaise basilicum

Routebeschrijving:

a) Bak de peperkorrels, korianderzaad, komijnzaad en garnalenpasta gewikkeld in folie in een koekenpan op middelhoog vuur gedurende 2-3 minuten, of tot geurig.

b) Laat afkoelen. Gebruik een vijzel met een stamper of een kruidenmolen om de peperkorrels, koriander en komijn fijn te malen of te malen tot een poeder.

c) Doe de garnalenpasta en gemalen kruiden met de overige ingrediënten voor de currypasta in een keukenmachine of in een vijzel met stamper en maal of stamp tot een gladde pasta.

d) Doe de dikke kokosroom van de bovenkant van de blikken in een steelpan, breng snel aan de kook op middelhoog vuur, roer af en toe, en kook gedurende 5-10 minuten, of tot het mengsel 'splitst' (de olie begint te scheiden).

e) Voeg 4 eetlepels groene currypasta toe en laat 15 minuten sudderen, of tot geurig. Voeg de palmsuiker, vissaus en kaffirlimoenblaadjes toe aan de pan.

f) Roer de resterende kokosroom en de kip, bamboescheuten en bonen erdoor en laat 15 minuten sudderen, of tot de kip gaar is. Roer de Thaise basilicum erdoor en serveer.

51. Kip & Tomatencurry

Maakt 8-10 porties

Ingrediënten:

- 1 eetlepel olie
- 2 kippen van 1,5 kg (3 lb 5 oz), geschijfd
- 1 ui, in plakjes
- 1 theelepel gemalen kruidnagel
- 1 theelepel gemalen kurkuma
- 2 theelepels garam masala
- 3 theelepels chilipoeder
- 3 kardemompeulen
- 3 teentjes knoflook, geperst
- 1 eetlepel geraspte gember
- 1 eetlepel maanzaad
- 2 theelepels venkelzaad
- 250 ml kokosmelk
- 1 steranijs
- 1 kaneelstokje
- 4 grote tomaten, grof gehakt

- 2 eetlepels limoensap

Routebeschrijving:

a) Verhit de olie in een grote koekenpan op middelhoog vuur, voeg de kip in porties toe en bak 5-10 minuten, of tot ze bruin zijn, en doe ze dan in een grote pan.

b) Voeg de ui toe aan de koekenpan en bak al roerend 10-12 minuten, of tot ze goudbruin zijn. Roer de gemalen kruidnagel, kurkuma, garam masala en chilipoeder erdoor en kook al roerend 1 minuut en voeg dan toe aan de kip.

c) Plet de kardemompeulen lichtjes met de platte kant van een zwaar mes. Verwijder de zaden, gooi de peulen weg.

d) Doe de zaden en de knoflook, gember, maanzaad, venkelzaad en 2 eetlepels van de kokosmelk in een keukenmachine, of in een vijzel met stamper, en maal of stamp tot een gladde pasta.

e) Voeg het kruidenmengsel, resterende kokosmelk, steranijs, kaneelstokje, tomaat en 3 eetlepels water toe aan de kip.

f) Laat 45 minuten sudderen, afgedekt, of tot de kip gaar is. Haal de kip eruit, dek af en houd warm. Breng de kookvloeistof aan de kook en kook gedurende 20-25 minuten, of tot de helft is ingekookt.

g) Leg de kip op een serveerschaal, meng het limoensap met het kookvocht en giet over de kip.

52. Kip masala

Maakt 4 porties

Ingrediënten:

- 1,5 kg (3 lb 5 oz) kippendijfilets of stukjes kip, zonder vel
- 2 theelepels gemalen komijn
- 2 theelepels gemalen koriander
- 1½ theelepel garam masala
- 1 theelepel gemalen kurkuma
- 2 uien, fijngehakt
- 4 teentjes knoflook, grof gehakt
- Stukje gember van 5 cm (2 inch), grof gehakt
- 2 rijpe tomaten, in stukjes
- 3 eetlepels ghee of olie
- 5 kruidnagels
- 8 kardemompeulen, gekneusd
- 1 kaneelstokje
- 10 kerrieblaadjes
- 160 g yoghurt op Griekse wijze

Routebeschrijving:

a) Snijd overtollig vet van de kip af. Meng de komijn, koriander, garam masala en kurkuma door elkaar en wrijf dit door de kip.

b) Doe de helft van de ui met de knoflook, gember en gehakte tomaat in een keukenmachine, of in een vijzel met stamper, en pureer of stamp tot een gladde pasta.

c) Verhit de ghee of olie in een braadpan op laag vuur, voeg de resterende ui, kruidnagel, kardemom, kaneel en kerrieblaadjes toe en bak tot de ui goudbruin is.

d) Voeg de tomaten- en uienpasta toe en roer 5 minuten. Breng op smaak met zout.

e) Voeg de yoghurt toe en klop tot een gladde massa, voeg dan de gekruide kip toe. Schep de stukjes erdoor en breng langzaam aan de kook.

f) Zet het vuur lager, dek af en laat 50 minuten sudderen of tot de olie zich afscheidt van de saus. Roer de ingrediënten af en toe door om te voorkomen dat de kip gaat plakken.

53. BBQ eendencurry met lychees

Maakt 4 porties

Ingrediënten:

- 1 theelepel witte peperkorrels
- 1 theelepel garnalenpasta
- 3 lange rode pepers, zonder zaadjes
- 1 rode ui, grof gesneden
- 2 knoflookteentjes
- 2 stengels citroengras, alleen het witte gedeelte, in dunne plakjes gesneden
- Stukje gember van 5 cm
- 3 korianderwortels
- 5 kaffirlimoenblaadjes
- 2 eetlepels olie
- 2 theelepels gemalen koriander
- 1 theelepel gemalen komijn
- 1 theelepel paprikapoeder
- 1 theelepel gemalen kurkuma
- 1 Chinese barbecue-eend

- 400 ml kokosroom
- 1 eetlepel geschaafde palmsuiker (rietsuiker)
- 2 eetlepels vissaus
- 1 dikke plak laos
- 240 g ingeblikte strochampignons, uitgelekt
- 400 g lychees uit blik, gehalveerd
- 250 g kerstomaatjes
- 1 handvol Thaise basilicum, gehakt
- 1 handvol korianderblaadjes

Routebeschrijving:

a) Bak de peperkorrels en de garnalenpasta gewikkeld in folie in een koekenpan op middelhoog vuur gedurende 2-3 minuten, of tot geurig. Laat afkoelen.

b) Gebruik een vijzel met stamper of een kruidenmolen om de peperkorrels fijn te malen of te malen tot een poeder.

c) Doe de geplette peperkorrels en de garnalen met de overige ingrediënten voor de currypasta in een keukenmachine of in een vijzel met stamper en maal of stamp tot een gladde pasta.

d) Haal het eendenvlees van de graatjes en snij in hapklare stukjes. Doe de dikke kokosroom van de bovenkant van het blik in een steelpan, breng aan de kook op middelhoog vuur, af en toe roerend, en kook gedurende 5-10 minuten, of tot het mengsel 'splitst' (de olie begint te scheiden).

e) Voeg de helft van de currypasta, palmsuiker en vissaus toe en roer tot de palmsuiker is opgelost.

f) Voeg de eend, laos, strozwammen, lychees, gereserveerde lycheestroop en resterende kokosroom toe. Breng aan de kook, zet het vuur laag en laat 15-20 minuten koken, of tot de eend gaar is.

g) Voeg de kerstomaatjes, basilicum en koriander toe. Seizoen twee sleutel. Serveer als de cherrytomaatjes een beetje zacht zijn.

54. Kip, amandel en rozijnencurry

Maakt 6 porties

Ingrediënten:

- 6 kardemompeulen
- 6 kruidnagel
- 1 theelepel komijnzaad
- 1 theelepel cayennepeper
- 2 eetlepels ghee of olie
- 1 kg (2 lb 4 oz) kippendijfilets, in blokjes van 3 cm (1¼ in) gesneden
- 1 ui, fijngehakt
- 3 teentjes knoflook, geperst
- 1½ eetlepel fijngeraspte gember 2 kaneelstokjes
- 2 laurierblaadjes
- 50 g (1¾ oz/1/3 kop), geblancheerde amandelen, licht geroosterd
- 40 g rozijnen
- 250 g (9 oz/1 kop) yoghurt
- 125 ml kippenbouillon

Routebeschrijving:

a) Plet de kardemompeulen lichtjes met de platte kant van een zwaar mes. Verwijder de zaden, gooi de peulen weg. Bak de zaden droog met de kruidnagel, komijnzaad en cayennepeper in een koekenpan op middelhoog vuur gedurende 2-3 minuten, of tot geurig.

b) Laat afkoelen. Gebruik een vijzel met een stamper of een kruidenmolen om te pletten of te malen tot een poeder.

c) Verhit de ghee of olie in een grote koekenpan met dikke bodem op middelhoog vuur. Bak de kip in porties bruin en zet apart.

d) Fruit in dezelfde pan de ui, knoflook en gember op laag vuur in 5-8 minuten tot ze zacht zijn. Voeg de gemalen kruidenmix, kaneelstokjes en laurierblaadjes toe en kook al roerend 5 minuten.

e) Doe de amandelen, rozijnen en kip terug in de pan. Voeg de yoghurt lepel voor lepel toe, roer om het in het gerecht te verwerken. Voeg de

f) kippenbouillon, zet het vuur laag, dek af en kook gedurende 40 minuten, of tot de kip gaar is. Schep tijdens het koken alle olie af die aan de oppervlakte komt en gooi deze weg. Kruid goed en serveer.

55. Vietnamese kipcurry

Maakt 6 porties

Ingrediënten:

- 4 grote kippenbouten
- 1 eetlepel Indiase kerriepoeder
- 1 theelepel basterdsuiker (superfijne) suiker
- 80 ml olie
- 500 g zoete aardappel, in blokjes van 3 cm gesneden
- 1 grote ui, in dunne partjes gesneden
- 4 teentjes knoflook, geperst
- 1 stengel citroengras, alleen het witte gedeelte, fijngehakt
- 2 laurierblaadjes
- 1 grote wortel, in stukjes van 1 cm gesneden
- 400 ml kokosmelk
- Thaise basilicum, twee porties

Routebeschrijving:

a) Verwijder het vel en eventueel overtollig vet van de kip. Dep droog met keukenpapier en snijd elk kwart in 3 gelijke stukken. Doe de kerriepoeder, suiker, ½ theelepel zwarte peper en 2 theelepels zout in een kom en meng goed.

b) Wrijf het kerriemengsel in de stukken kip. Leg de stukjes kip op een bord, dek af met plasticfolie en laat een nacht in de koelkast staan.

c) Verhit de olie in een grote pan. Voeg de zoete aardappel toe en kook op middelhoog vuur gedurende 3 minuten, of tot ze licht goudbruin zijn. Verwijder met een schuimspaan.

d) Haal op 2 eetlepels na alle olie uit de pan. Voeg de ui toe en bak al roerend 5 minuten. Voeg de knoflook, het citroengras en de laurierblaadjes toe en bak 2 minuten.

e) Voeg de kip toe en kook, al roerend, op middelhoog vuur gedurende 5 minuten, of tot het goed bedekt is met het mengsel en begint te verkleuren.

f) Voeg 250 ml (9 oz/1 kop) water toe en laat, afgedekt, af en toe roeren, 20 minuten sudderen.

g) Roer de wortel, zoete aardappel en kokosmelk erdoor en laat 30 minuten sudderen, zonder deksel, af en toe roeren, of tot de kip gaar en zacht is. Pas op dat je de blokjes zoete aardappel niet kapot maakt.

h) Serveer gegarneerd met Thaise basilicum.

RUNDVLEES CURRY

56. Panang Chili Curry

Maakt 4 porties

Ingrediënten:

- Panang-currypasta, bereid, gebotteld, naar wens
- 2 pond. van dun gesneden braadstuk
- Kosjer zout, naar wens
- 1/2 kopje olie, plantaardig
- 4 dun gesneden serrano pepers zonder zaadjes
- 3 fijngehakte limoenblaadjes, kaffir
- 2 x 13 & 1/2-oz. blikjes kokosmelk, ongezoet
- 1/2 kopje suiker, gegranuleerd
- 1/4 kopje vissaus
- 1 theelepel komijn, gemalen
- Twee porties: jasmijnrijst, gestoomd & takjes basilicum
- Optioneel: 4 grote eieren, gebakken

Routebeschrijving:

a) Gebruik koosjer zout om het vlees naar wens te kruiden. Verhit de olie in een grote koekenpan op middelhoog vuur . Roer de bereide currypasta tijdens het koken gedurende een minuut tot geurig.

b) Voeg het rundvlees toe. Roer constant tijdens het koken gedurende 5-8 minuten, tot ze bruin zijn.

c) Voeg kokosmelk, limoenblaadjes, pepers, 1 & 1/2 kopjes water, komijn, vissaus en suiker toe aan de koekenpan. Breng aan de kook en breng op smaak naar wens.

d) Voeg indien nodig water toe tijdens het koken van rundvlees en houd het 1,5 tot 2 uur ondergedompeld, totdat het vlees zacht wordt. Serveer het rundvlees op rijst en garneer met eieren en basilicum.

57. Huisgemaakte Rundvleescurry

Maakt 6 porties

Ingrediënten:

Voor de raita:

- 2 komkommers, vers
- Kosjer zout, naar wens
- 1 teentje knoflook
- 1/2 kopje yoghurt, naturel
- 1/2 kopje yoghurt, Grieks

Voor de kerrie:

- 1 Eetlepel meel, voor alle doeleinden
- 1 Eetlepel maizena
- 3 Eetlepels plantaardige olie
- 2 pond. van 1 "gesneden stukjes runderkop
- Kosjer zout en gemalen peper, naar wens
- 3 middelgrote gehakte uien
- 1 geschilde en geraspte appel
- 3 eetlepels mirinsaus

- 1 Eetlepel geschilde, gehakte gember
- 2 fijngehakte teentjes knoflook
- 3 eetlepels kerriepoeder
- 1 Eetlepel suiker, gegranuleerd
- 1/2 theelepel melasse, donker
- 1 eetlepel garam masala kruidenmix
- 1 eetlepel sojasaus, natriumarm
- 4 kopjes bouillon, kip
- 1/2 geschilde, ontpitte, 1/2" gesneden pompoen
- 1 geschrobde, 1/2 "-in blokjes gesneden, grote aardappel
- 2 geschilde, 1/2 "gesneden grote wortelen
- Twee porties: gestoomde witte rijst

Routebeschrijving:

a) Snijd de komkommers in de lengte doormidden. Snijd ze in halve maantjes. Gooi in een middelgrote kom met een beetje zout.

b) Spoel een paar keer met leidingwater en knijp de overtollige vloeistof eruit. Plaats in een kleine kom.

c) Pureer knoflook en zout (slechts een snufje) op een snijplank tot een pasta. Meng met komkommers en beide soorten yoghurt.

d) Kruid naar wens.

e) Meng de bloem met 2 eetlepels water en zetmeel in een middelgrote kom. Opzij zetten.

f) Verhit de olie in een grote pan op middelhoog vuur . Kruid de runderhaas naar wens. Werk in twee porties om het vlees te koken terwijl je af en toe draait, gedurende 6 tot 8 minuten per batch, tot alle kanten van het vlees bruin zijn.

g) Voeg de appel en uien toe. Roer af en toe tijdens het koken gedurende 12 tot 15 minuten, tot de uien zacht worden. Voeg mirin, knoflook en gember toe. Roer af en toe tijdens het koken gedurende 5-6 minuten, tot het vrij geurig is.

h) Voeg garam masala, kerriepoeder, bouillon en sojasaus toe. Breng aan de kook en zet dan het vuur lager. Laat 30 tot 40 minuten sudderen, tot het vlees bijna gaar is.

i) Voeg de pompoen, wortelen en aardappelen toe. Dek de pot af. Laat 20 tot 30 minuten koken tot ze zacht zijn, houd de groenten onder water door indien nodig water toe te voegen.

j) Dompel een zeef onder in de curry. Klop de brijreserves in de vloeistof in de zeef en combineer. Breng de curry terug aan de kook.

k) Verlaag vervolgens het vuur. Laat 8 tot 10 minuten sudderen, tot het ingedikt is. Voeg curry toe aan de rijst en bedek met raita. Dienen.

58. Rundvlees & Kokos Curry

Maakt 4 porties

Ingrediënten:

- 1 & 1/2 pond. van 1 "-in blokjes gesneden beef chuck
- Kosjer zout
- 2 Eetlepels plantaardige olie
- 2 eetlepels boter, ongezouten
- 1/2 dun gesneden grote ui, wit
- 4 fijngehakte teentjes knoflook
- 1 Eetlepel geschilde gember, fijngehakt
- 3 eetlepels kerriepoeder, Indiaas als je het hebt
- 2 laurierblaadjes, medium
- 2 x 13 & 1/2-oz. blikjes kokosmelk, ongezoet
- 2 pond. van 2-inch in blokjes gesneden, geschilde aardappelen

Routebeschrijving:

a) Breng het rundvlees royaal op smaak met koosjer zout. Verhit de olie in een zware, grote pan op middelhoog vuur . Werk in batches om het vlees te koken terwijl je af en toe 8 tot 10 minuten draait, tot het overal diep bruin is. Leg het rundvlees dan op het bord.

b) Giet het vet uit de pan, op 1 eetlepel na . Verlaag het vuur tot medium Voeg de boter, uien, gember en knoflook toe.

c) Roer regelmatig tijdens het koken en schraap alle bruine stukjes 5-6 minuten weg, tot de uien glazig zijn.

d) Voeg de kerrie toe. Roer tijdens het koken gedurende 3-4 minuten, totdat het aan de pan begint te kleven. Voeg 1 kopje water, laurierblaadjes en kokosmelk toe en roer erdoor. Doe het vlees terug in de grote pan. Kruid naar wens. Breng aan de kook en kook terwijl het gedeeltelijk afgedekt is gedurende 30 tot 35 minuten, tot het rundvlees nauwelijks mals is.

e) Voeg de aardappelen toe en breng het mengsel aan de kook.

f) Laat onafgedekt staan en roer af en toe tijdens het koken gedurende 25 tot 35 minuten, tot de aardappelen en het rundvlees zacht zijn geworden. Kruid naar wens en serveer.

59. Gehaktbal Curry

Maakt 8 porties

Ingrediënten:

Voor de gehaktballetjes

- Olie, olijven, naar behoefte
- 6 x 1 "gesneden lente-uitjes
- 2 ontpitte jalapeños
- 6 teentjes knoflook
- 1 x 1 "stuk geschilde, gehakte gember
- 1 Eetlepel citroensap, vers
- 1 eetlepel garam masala kruidenmix
- 1 theelepel koriander, gemalen
- 1/2 theelepel komijn, gemalen
- 1/2 theelepel peper, cayennepeper
- 2 pond. van rundvlees, gemalen
- 1 losgeklopt, groot ei
- 3 eetlepels yoghurt, naturel
- 2 theelepels zout, koosjer

Voor de currysaus

- 1/4 kopje olie, olijven
- 4 gehakte middelgrote uien
- 10 geplette teentjes knoflook
- 1 & 1/2"-geschild en fijngehakt stuk gember
- 3 chilipepers, gedroogd
- 4 theelepels komijn, gemalen
- 4 theelepels kerriepoeder
- 4 theelepels kurkuma, gemalen
- 3 eetlepels koriander, gemalen
- 1 theelepel peperkorrels, zwart
- 1 x 14 & 1/2-oz. blik tomaten, geplet
- 1 laurierblad, medium
- 1 Eetlepel zout, koosjer + extra naar wens
- 1 Eetlepel citroensap, vers
- 1/2 theelepel peper, cayennepeper
- Om te serveren: korianderblaadjes en malse stelen

Routebeschrijving:

a) Verwarm de oven voor op 400F. Bestrijk de omrande bakplaat lichtjes met de olie.

b) Pureer de jalapeños, bosui, gember, knoflook, garam masala, citroensap, komijn, cayennepeper en koriander in een keukenmachine tot een gladde massa.

c) Breng het mengsel over in een grote kom. Voeg het rundvlees, de yoghurt en het ei toe. Kruid naar wens. Gebruik je handen om te mengen tot het mengsel plakkerig is, een beetje zoals worstijs.

d) Rol het gehaktmengsel tot balletjes ter grootte van golfballen. Leg ze op een bakplaat en laat er een centimeter tussen. Besprenkel met extra olie. Bak gedurende 20 tot 25 minuten, tot ze gaar en bruin bovenop zijn.

e) Verhit de olie in een grote pan op middelhoog vuur. Voeg de uien, gember en knoflook toe. Roer vaak tijdens het koken gedurende 8 tot 10 minuten, totdat de uien doorschijnend worden en bruin beginnen te worden.

f) Roer de kerriepoeder, pepers, kurkuma, komijn, peperkorrels en koriander erdoor. Roer vaak tijdens het koken gedurende 2-3 minuten, totdat het mengsel geurig wordt en de kruiden aan de pan beginnen te kleven.

g) Voeg 2 kopjes water, 1 eetlepel zout en laurier toe. Breng terug aan de kook. Verlaag het warmteniveau. Laat 25 tot 30 minuten sudderen, tot de smaken versmelten.

h) Laat de saus iets afkoelen. Doe over in de keukenmachine en mix tot een vrij gladde massa. Doe de saus terug in de pot.

i) Roer cayennepeper en citroensap erdoor. Kruid naar wens.

j) Leg de gekookte gehaktballetjes voorzichtig in de saus. Neem twee Sims mee. Laat 10 tot 15 minuten koken tot de gehaktballen volledig gaar zijn. Werk af met de koriander en dien op .

60. Massaman groentecurry

Maakt 4-6 porties

Ingrediënten:

- 1 eetlepel olie
- 1 theelepel korianderzaad
- 1 theelepel komijnzaad
- 8 kruidnagel
- 1 theelepel venkelzaad
- 4 kardemomzaden
- 6 rode Aziatische sjalotten, gesnipperd
- 3 teentjes knoflook, gehakt
- 1 theelepel citroengras, fijngehakt
- 1 theelepel laos, fijngehakt
- 4 gedroogde lange rode pepers
- 1 theelepel gemalen nootmuskaat
- 1 theelepel gemalen witte peper
- 1 eetlepel olie
- 250 g baby-uitjes
- 500 g krielaardappeltjes

- 300 g worteltjes, in stukken van 3 cm gesneden
- 225 g champignons, heel
- 1 kaneelstokje
- 1 kaffirlimoenblad
- 1 laurierblad
- 250 ml kokosroom
- 1 eetlepel limoensap
- 3 theelepels geschaafde palmsuiker (rietsuiker)
- 1 eetlepel fijngehakte Thaise basilicum
- 1 eetlepel geplette geroosterde pinda's

Routebeschrijving:

a) Verhit de olie in een koekenpan op laag vuur, voeg de korianderzaadjes, komijnzaadjes,

b) kruidnagel, venkelzaad en kardemomzaad, en kook 1-2 minuten, of tot geurig.

c) Doe de kruiden met de overige ingrediënten voor de currypasta in een keukenmachine, of in een vijzel met stamper, en pureer of stamp tot een gladde pasta. Voeg eventueel wat water toe als het te dik is.

d) Verhit de olie in een grote pan, voeg de currypasta toe en kook, al roerend, op middelhoog vuur gedurende 2 minuten, of tot geurig.

e) Voeg de groenten, het kaneelstokje, het limoenblad, het laurierblad en genoeg water toe om onder te staan (ongeveer 500 ml) en breng aan de kook. Zet het vuur lager en laat afgedekt, onder regelmatig roeren, 30-35 minuten sudderen, of tot de groenten gaar zijn.

f) Roer de kokosroom erdoor en kook, onafgedekt, gedurende 4 minuten, onder regelmatig roeren, tot een beetje ingedikt. Roer het limoensap, de palmsuiker en de gehakte basilicum erdoor. Voeg eventueel wat water toe als de saus te droog is. Werk af met de pinda's en basilicumblaadjes.

61. Thaise curry met rundvlees en pinda's

Maakt 4-6 porties

Ingrediënten:

- 8-10 lang gedroogde lange rode pepers
- 6 rode Aziatische sjalotten, gesnipperd
- 6 knoflookteentjes
- 1 theelepel gemalen koriander
- 1 eetlepel gemalen komijn
- 1 theelepel gemalen witte peper
- 2 stengels citroengras, alleen het witte gedeelte, in plakjes
- 1 eetlepel gehakte laos
- 6 korianderwortels
- 2 theelepels garnalenpasta
- 2 eetlepels geroosterde pinda's
- arachideolie, indien nodig
- 400 ml kokosroom (blik niet schudden)
- 1 kg (2 lb 4 oz) ronde of blade steak, dun gesneden
- 400 ml kokosmelk

- 4 kaffirlimoenblaadjes
- 90 g knapperige pindakaas
- 3 eetlepels limoensap
- 2½ eetlepel vissaus
- 2½ eetlepel geschaafde palmsuiker
- Thaise basilicum, twee porties (optioneel)
- 1 eetlepel gehakte geroosterde pinda's, om te serveren (optioneel)

Routebeschrijving:

a) Week de chilipepers 5 minuten in kokend water, of tot ze zacht zijn. Verwijder de stengel en de zaden en hak ze fijn.

b) Doe de chilipepers en de overige ingrediënten voor de currypasta in een keukenmachine of in een vijzel met stamper en pureer of stamp tot een gladde pasta. Voeg een beetje arachideolie toe als het te dik is.

c) Doe de dikke kokosroom van de bovenkant van de vorm in een steelpan, breng snel aan de kook op middelhoog vuur, roer af en toe, en kook gedurende 5-10 minuten, of tot het mengsel scheurt.

d) Voeg 6-8 eetlepels van de currypasta toe en kook al roerend 5-10 minuten, of tot geurig.

e) Voeg het rundvlees, de resterende kokosroom, kokosmelk, kaffirlimoenblaadjes en pindakaas toe en kook 8 minuten, of tot het vlees net begint te verkleuren.

f) Zet het vuur lager en laat 1 uur sudderen, of tot het vlees zacht is. Roer het limoensap, de vissaus en de palmsuiker erdoor en schep op een serveerschaal.

g) Garneer met de basilicumblaadjes en eventueel extra pinda's.

62. Thaise rode rundvleescurry & aubergines

Maakt 4 porties

Ingrediënten:

- 500g (1lb 2oz) ronde of bovenzijde steak
- 250 ml kokosroom (blik niet schudden)
- 2 eetlepels kant-en-klare rode currypasta
- 2 eetlepels vissaus
- 1 eetlepel geschaafde palmsuiker (rietsuiker)
- 5 kaffirlimoenblaadjes, gehalveerd
- 500 ml kokosmelk
- 8 Thaise appelaubergines, gehalveerd
- 1 klein handvol Thaise basilicum, fijngehakt

Routebeschrijving:

a) Snijd het vlees in stukken van 5 cm (2 inch) en snijd vervolgens dwars op het graan in een hoek van 45 graden in plakken van 5 mm ($\frac{1}{4}$ inch) dik.

b) Doe de dikke kokosroom van de bovenkant van het blik in een steelpan, breng aan de kook op middelhoog vuur, af en toe roerend, en kook gedurende 5-10 minuten, of tot het mengsel 'splitst' (de olie begint te scheiden).

c) Voeg de currypasta toe en laat al roerend 5 minuten sudderen om te voorkomen dat het aan de bodem blijft plakken, of tot geurig.

d) Voeg het vlees toe en kook al roerend 3-5 minuten, of tot het van kleur verandert. Voeg de vissaus, palmsuiker, kaffirlimoenblaadjes, kokosmelk en resterende kokosroom toe en laat 1 uur sudderen, of tot het vlees mals is en de saus iets ingedikt.

e) Voeg de aubergine toe en kook gedurende 10 minuten, of tot ze zacht zijn. Als de saus te dik is, voeg dan een beetje water toe. Roer de basilicumblaadjes erdoor en serveer.

63. Massaman-rundvleescurry

Maakt 4 porties

Ingrediënten:

- 1 eetlepel tamarindepulp
- 2 eetlepels olie
- 750 g mager stoofvlees, in blokjes
- 500 ml kokosmelk
- 4 kardemompeulen, gekneusd
- 500 ml kokoscrème uit blik
- 2-3 eetlepels kant-en-klare Massaman-currypasta
- 8 baby-uitjes
- 8 grote krieltjes, gehalveerd
- 2 eetlepels vissaus
- 2 eetlepels geschaafde palmsuiker
- 70 g ongezouten geroosterde gemalen pinda's
- korianderblaadjes, twee porties

Routebeschrijving:

a) Doe de tamarindepulp en 125 ml kokend water in een kom en zet opzij om af te koelen. Als het afgekoeld is, pureer je de pulp om op te lossen in het water, zeef en bewaar de vloeistof. Gooi de pulp weg.

b) Verhit de olie in een wok of een grote pan en bak het rundvlees in porties op hoog vuur gedurende 5 minuten, of tot het bruin is.

c) Zet het vuur lager en voeg de kokosmelk en kardemom toe en laat 1 uur sudderen, of tot het vlees zacht is. Verwijder het vlees, zeef en bewaar het vlees en kookvocht.

d) Doe de dikke kokosroom van de bovenkant van de blikken in een steelpan, breng snel aan de kook op middelhoog vuur, roer af en toe, en kook gedurende 5-10 minuten, of tot het mengsel 'splitst' (de olie begint te scheiden).

e) Voeg de currypasta toe en kook 5 minuten, of tot het aromatisch wordt.

f) Voeg de uien, aardappelen, vissaus, palmsuiker, pinda's, rundvlees, kookvocht en tamarindevocht toe en laat 25-30 minuten sudderen. Garneer met verse korianderblaadjes.

64. Peper beef kerrie

Maakt 6 porties

Ingrediënten:

- 1 eetlepel korianderzaad
- 2 theelepels komijnzaad
- 1 theelepel venkelzaad
- 1 eetlepel zwarte peperkorrels
- 3 eetlepels olie
- 1 kg runderbiefstuk, in blokjes
- 2 uien, fijngesneden
- 2 teentjes knoflook, geperst
- 3 theelepels fijngeraspte gember
- 1 rode peper zonder zaadjes, fijngehakt
- 8 kerrieblaadjes
- 1 stengel citroengras, alleen het witte gedeelte, fijngehakt
- 2 eetlepels citroensap
- 250 ml kokosmelk
- 250 ml runderbouillon

Routebeschrijving:

a) Bak de korianderzaadjes, komijnzaadjes, venkelzaadjes en zwarte peperkorrels in een koekenpan op middelhoog vuur in 2-3 minuten droog, of tot ze gaan geuren. Laat afkoelen. Gebruik een vijzel met een stamper of een kruidenmolen om te pletten of te malen tot een poeder.

b) Verhit de olie in een pan met dikke bodem op hoog vuur, bak het rundvlees in porties bruin en zet apart.

c) Zet het vuur laag tot medium, voeg de ui, knoflook, gember, chili, kerrieblaadjes en citroengras toe en bak 5-6 minuten, of tot ze zacht zijn. Voeg de gemalen kruiden toe en bak nog 3 minuten.

d) Doe het vlees terug in de pan en roer goed om de kruiden te coaten. Voeg het citroensap, de kokosmelk en de runderbouillon toe en breng aan de kook.

e) Zet het vuur laag, dek af en kook gedurende $2\frac{1}{2}$ uur, of tot het rundvlees zeer mals is en de saus is ingekookt. Schep tijdens het koken alle olie af die aan de oppervlakte komt en gooi deze weg.

65. Rundvlees rendang

Maakt 6 porties

Ingrediënten:

- Biefstuk van 1,5 kg (3 lb 5 oz).
- 2 uien, grof gehakt
- 2 teentjes knoflook, geperst
- 400 ml kokosmelk
- 2 theelepels gemalen koriander
- 1 theelepel gemalen venkel
- 2 theelepels gemalen komijn
- ¼ theelepel gemalen kruidnagel
- 4–6 rode pepers, fijngehakt
- 1 eetlepel citroensap
- 1 stengel citroengras, alleen het witte gedeelte, in de lengte doorgesneden
- 2 theelepels geschaafde palmsuiker (rietsuiker)

Routebeschrijving:

a) Ontdoe het vlees van overtollig vet of pezen en snijd het in blokjes van 3 cm. Doe de ui en knoflook in een keukenmachine, of in een vijzel met stamper, en maal of stamp tot een gladde pasta.

b) Doe de kokosmelk in een grote pan en breng aan de kook, zet het vuur laag en kook, af en toe roerend, gedurende 15 minuten, of tot de melk voor de helft is ingekookt en de olie is afgescheiden. Laat de melk niet bruin worden.

c) Voeg de koriander, venkel, komijn en kruidnagel toe aan de pan en roer 1 minuut. Voeg het vlees toe en bak 2 minuten, of tot het van kleur verandert. Voeg het uienmengsel, de chili, het citroensap, het citroengras en de suiker toe.

d) Kook, afgedekt, op middelhoog vuur gedurende 2 uur, of tot de vloeistof is ingedikt en het mengsel is ingedikt. Roer regelmatig om te voorkomen dat het aan de bodem van de pan blijft plakken.

e) Dek af en ga door met koken totdat de olie uit de kokosmelk weer begint op te komen, waardoor de curry kleur en smaak kan ontwikkelen.

66. Rundvlees & mosterdzaadcurry

Maakt 6 porties

Ingrediënten:

- 3 eetlepels olie
- 2 eetlepels bruine mosterdzaadjes
- 4 gedroogde rode pepers
- 1 eetlepel gele spliterwten
- 200 g Franse sjalotten, fijngesneden
- 8 teentjes knoflook, geperst
- 1 eetlepel fijngeraspte gember
- 15 kerrieblaadjes
- ½ theelepel gemalen kurkuma
- 420 g gepelde tomaten uit blik
- 1 kg runderbiefstuk, in blokjes
- 435 ml runderbouillon

Routebeschrijving:

a) Doe de olie in een pan met dikke bodem op middelhoog vuur, voeg het mosterdzaad, de pepers en de spliterwten toe. Zodra de mosterdzaadjes beginnen te knappen, voeg je de sjalotten, knoflook, gember, kerrieblaadjes en kurkuma toe. Laat 5 minuten koken en voeg dan de tomaten, het vlees en de bouillon toe.

b) Breng aan de kook en laat sudderen, dek af en kook gedurende 2 uur, of tot het rundvlees zeer mals is en de saus is ingekookt. Schep tijdens het koken alle olie af die aan de oppervlakte komt en gooi deze weg.

67. Rundvleesballetjes & ingemaakte knoflook

Maakt 4 porties

Ingrediënten:

- 450 g (1 lb) rundergehakt
- 3 teentjes knoflook, geperst
- 1 theelepel witte peper
- 1 klein handvol korianderblaadjes, gehakt
- 1 klein handvol Thaise basilicum, gehakt
- 1 lente-ui (lente-ui), fijngehakt
- 3 theelepels vissaus
- 1 ei
- 3 eetlepels olie
- 3 eetlepels kant-en-klare groene currypasta
- 3 eetlepels fijngehakte gember
- 1½ theelepel gemalen kurkuma
- 3 eetlepels vissaus
- 3 kaffirlimoenblaadjes
- 2½ eetlepel tamarindepuree
- 3 eetlepels gehakte gepekelde knoflook

- 1½ eetlepel geschaafde palmsuiker

Routebeschrijving:

a) Meng voor de gehaktballen alle ingrediënten goed door elkaar. Rol vervolgens met een eetlepel per keer van het mengsel kleine balletjes. Je zou ongeveer 24 ballen moeten hebben.

b) Verhit de olie in een pan met dikke bodem op middelhoog vuur en voeg de currypasta, gember en kurkuma toe en kook, onder regelmatig roeren, ongeveer 5 minuten, of tot geurig.

c) Voeg de vissaus, kaffirlimoenblaadjes en tamarinde toe. Breng aan de kook, dek af, laat sudderen en kook gedurende 5 minuten.

d) Voeg de gehaktballetjes, gepekelde knoflook en palmsuiker toe en laat 15 minuten sudderen, of tot de gehaktballetjes gaar zijn.

68. Curry van basilicum, rundvlees en peper

Maakt 4 porties

Ingrediënten:

- 2 eetlepels geraspte gember
- 2 teentjes knoflook, geperst
- 500 g (1lb 2oz) biefstuk of ronde biefstuk
- 250 ml kokosroom
- 1 eetlepel kant-en-klare gele currypasta
- 80 ml vissaus
- 60 g geschaafde palmsuiker
- 2 stengels citroengras, alleen het witte gedeelte, fijngehakt
- 1 dikke plak laos
- 4 kaffirlimoenblaadjes
- 2 tomaten, in blokjes van 2 cm gesneden
- 400 g (14 oz) stukjes bamboe uit blik, uitgelekt, in kleine stukjes gesneden
- 25 g Thaise ingemaakte groene peperkorrels, op het steeltje
- 2 eetlepels tamarindepuree

- 1 grote handvol Thaise basilicum, gehakt

Routebeschrijving:

a) Plet de gember en knoflook tot een grove pulp in een vijzel met stamper of keukenmachine. Snijd het vlees in reepjes van 5 cm x 2 m (2 in x ¾ in) en 3 mm (1/8 in) dik.

b) Meng de gember- en knoflookpasta met het vlees en marineer 30 minuten.

c) Breng de helft van de kokosroom aan de kook in een braadpan met dikke bodem op middelhoog vuur en laat sudderen. Roer de gele currypasta erdoor en kook 3-5 minuten. Voeg de vissaus en palmsuiker toe en roer tot de suiker is opgelost.

d) Zet het vuur hoog, voeg de resterende ingrediënten en 375 ml (13 oz/1½ kopjes) water toe en breng de curry aan de kook. Zet het vuur laag en kook onafgedekt gedurende 1-1¼ uur, of tot het vlees gaar is.

e) Controleer op smaak en corrigeer eventueel door extra vissaus of palmsuiker toe te voegen. Roer de rest van de kokosroom erdoor en serveer direct.

LAM CURRY

69. Lam dhansak

Maakt 6 porties

Ingrediënten:

- 100 g gele linzen
- 2 theelepels gedroogde gele mungbonen
- 2 eetlepels gedroogde kikkererwten
- 3 eetlepels rode linzen
- 1 ongeschilde aubergine
- 150 g ongeschilde pompoen
- 2 eetlepels ghee of olie
- 1 ui, fijngehakt
- 3 teentjes knoflook, geperst
- 1 eetlepel geraspte gember
- 1 kg lamsbout of lamsschouder zonder been, in blokjes van 3 cm gesneden
- 1 kaneelstokje
- 5 kardemompeulen, gekneusd
- 3 kruidnagels
- 1 eetlepel gemalen koriander

- 1 theelepel gemalen kurkuma
- 1 theelepel chilipoeder, of naar smaak
- 150 g bladeren van amarant of Engelse spinazie, in stukken van 5 cm gesneden
- 2 tomaten, gehalveerd
- 2 lange groene pepers, zonder zaadjes, in de lengte doorgesneden
- 3 eetlepels limoensap

Routebeschrijving:

a) Week de gele linzen, gele mungbonen en kikkererwten ongeveer 2 uur in water en laat ze goed uitlekken.

b) Doe alle vier soorten peulvruchten in een pan, voeg 1 liter water toe, dek af en breng aan de kook.

c) Dek af en laat 15 minuten sudderen, schep eventueel schuim dat zich op het oppervlak vormt af en roer af en toe om ervoor te zorgen dat alle peulvruchten in hetzelfde tempo koken en zacht zijn. Giet de peulvruchten af en pureer licht tot een vergelijkbare textuur.

d) Kook de aubergine en pompoen in kokend water gedurende 10-15 minuten, of tot ze zacht zijn. Lepel het vruchtvlees uit de pompoen en snijd het in stukjes. Schil de aubergine voorzichtig (hij mag erg vlezig zijn) en snijd het vruchtvlees in kleine stukjes.

e) Verhit de ghee of olie in een braadpan of karahi en bak de ui, knoflook en gember 5 minuten, of tot ze lichtbruin en zacht zijn. Voeg het lamsvlees toe en bruin gedurende 10 minuten, of tot het aromatisch is.

f) Voeg de kaneel, kardemompeulen, kruidnagel, koriander, kurkuma en chilipoeder toe en bak 5 minuten om de smaken te laten intrekken. Voeg 170 ml (5½ oz/n cup) water toe, dek af en laat 40 minuten sudderen, of tot het lamsvlees gaar is.

g) Voeg de gepureerde linzen en alle gekookte en rauwe groenten toe aan de pan.

h) Voeg het limoensap toe en laat 15 minuten sudderen (als de saus te dik is, voeg dan een beetje water toe). Roer goed en controleer dan de smaak. De dhansak moet smaakvol, aromatisch, scherp en kruidig zijn.

70. Lam & Aardappel Curry

Maakt 6 porties

Ingrediënten:

- 6 fijngehakte teentjes knoflook
- 3 eetlepels kerriepoeder
- 2 eetlepels verse, fijngehakte gemberwortel
- 2 theelepels garam masala kruidenmix
- 1 theelepel paprika, gerookt
- 1 theelepel tijm, gedroogd
- 1 theelepel koriander, gemalen
- 1 & 1/2 theelepel zout, koosjer
- 1 theelepel peper, gemalen
- 1/4 theelepel komijn, gemalen
- 1 eetlepel olie, olijf
- 1 theelepel chilipoeder
- 2 pond. van schouderblad lamskoteletjes
- 4 x 1/2 "-in blokjes gesneden rode, middelgrote aardappelen
- 1 x 15-oz. blik ongedraineerde, in blokjes gesneden tomaten

- 1 kopje kippenbouillon, natriumarm
- 1 gesnipperde kleine ui
- Optioneel: gekookte, hete bruine rijst, om te serveren

Routebeschrijving:

a) In het groot voedselzak, combineer 1 eetlepel kerriepoeder met 3 teentjes knoflook, 1 eetlepel gember, 1 theelepel garam masala kruidenmix, paprika, tijm, chilipoeder, 1/2 theelepel koosjer zout, gemalen peper en koriander, gemalen komijn en olie.

b) Voeg de lamskoteletjes toe aan de zak. Sluit de zak en bedek de karbonades door de zak te draaien. Zet 8 uur in de koelkast.

c) Doe de aardappelstukjes in een slowcooker. Voeg het lamsvlees toe.

d) Doe de bouillon, tomaten, uien en de rest van de knoflook en kruiden in de keukenmachine. Bedek het en verwerk het tot het goed gemengd is.

e) Giet het tomatenmengsel over het lamsvlees en de in blokjes gesneden aardappelen. Bedek de slowcooker. Kook tot het vlees zacht wordt, 4 tot 5 uur. Haal het vlees van de botten en gooi de botten weg.

f) Versnipper het vlees met 2 vorken. Zeef het kookvocht en bewaar de aardappelen. Schep al het vet van het sap af. Doe het lamsvlees, de gereserveerde aardappelen en het kookvocht terug in de slowcooker en verwarm volledig door. Serveer over rijst, indien gewenst.

71. Lamsschenkel & yoghurtcurry

Maakt 6 porties

Ingrediënten:

- 3 eetlepels korianderzaad
- 2 theelepels komijnzaad
- 1 theelepel kruidnagel
- 1 theelepel zwarte peperkorrels
- 1 theelepel cayennepeper
- 1 theelepel gemalen kurkuma
- 2 eetlepels gehakte gember
- 6 teentjes knoflook, gehakt
- 1 kleine ui, gesnipperd
- 2 eetlepels ghee of olie
- 6 lamsschenkels
- 3 kaneelstokjes
- 2 laurierblaadjes
- 375 g yoghurt naturel
- 625 ml kippenbouillon
- Verwarm de oven voor op 160°C (315°F/Gas 2-3).

Routebeschrijving:

a) Bak de korianderzaadjes, komijnzaadjes, kruidnagels, peperkorrels, cayennepeper en gemalen kurkuma in een koekenpan op middelhoog vuur gedurende 2-3 minuten, of tot geurig. Laat afkoelen. Gebruik een vijzel met een stamper of een kruidenmolen om te pletten of te malen tot een poeder.

b) Doe de gemalen specerijen met de gember, knoflook, ui en 3 eetlepels water in een keukenmachine, of in een vijzel met stamper, en maal of stamp tot een gladde pasta.

c) Verhit de ghee of olie in een grote koekenpan met dikke bodem op middelhoog vuur en bak de schenkels in porties bruin en zet opzij. Zet het vuur laag. Voeg de gemberkruidenpasta toe aan de koekenpan en bak 5-8 minuten.

d) Voeg de kaneel, laurierblaadjes en yoghurt toe aan de pan, lepel voor lepel, en roer goed zodat het goed opgenomen wordt. Voeg de kippenbouillon toe en roer goed om te combineren.

e) Doe de schenkels in een grote ovenvaste schaal met een dikke bodem waar ze in een enkele laag in passen en giet de yoghurtsaus over de schenkels. Draai de schenkels zodat ze bedekt zijn met de saus en dek af met een deksel of folie.

f) Bak in de oven gedurende ongeveer 3 uur, of tot het lamsvlees van het bot valt, draai de schenkels halverwege het koken om. Wanneer u uit de oven haalt, schept u alle olie die naar de oppervlakte komt en gooit u deze weg.

g) Haal de schenkels uit de saus op een serveerschaal. Breng de saus goed op smaak, roer om te mengen voordat je het over de schenkels schept.

72. Lam korma

Maakt 4 porties

Ingrediënten:

- 1 kg lamsboutvlees
- 1 ui, gesnipperd, plus 1 ui, in plakjes
- 2 theelepels geraspte gember
- 4 knoflookteentjes
- 2 theelepels gemalen koriander
- 2 theelepels gemalen komijn
- 1 theelepel kardemomzaadjes
- 1 theelepel kruidnagel
- 1 theelepel gemalen kaneel
- 3 lange groene pepers, zonder zaadjes, fijngehakt
- 2 eetlepels ghee of olie
- 2½ eetlepel tomatenpuree
- 125 g yoghurt naturel
- 125 ml kokosroom
- 50 g gemalen amandelen

- geroosterde geschaafde amandelen, om te serveren

Routebeschrijving:

a) Snijd overtollig vet of pezen van het lamsvlees, snijd ze in blokjes van 3 cm (1¼ inch) en doe ze in een grote kom.

b) Doe de gesnipperde ui, gember, knoflook, koriander, komijn, kardemomzaad, kruidnagel, kaneel, chilipeper en ½ theelepel zout in een keukenmachine of in een vijzel met stamper en pureer of stamp tot een gladde pasta.

c) Voeg de kruidenpasta toe aan het lamsvlees en meng goed om te coaten. Laat 1 uur marineren.

d) Verhit de ghee of olie in een grote pan, voeg de gesneden ui toe en kook, al roerend, op laag vuur gedurende 7 minuten, of tot de ui zacht is.

e) Verhoog de hitte tot middelhoog en voeg het lamsmengsel toe en kook, onder voortdurend roeren, gedurende 8-10 minuten, of tot het lamsvlees van kleur verandert.

f) Roer de tomatenpuree, yoghurt, kokosroom en gemalen amandelen erdoor. Zet het vuur lager en laat, afgedekt, af en toe roeren, ongeveer 1 uur sudderen, of tot het vlees heel zacht is. Voeg een beetje water toe als het mengsel te droog wordt.

g) Kruid goed met peper en zout en serveer gegarneerd met de geschaafde amandelen.

73. Lam Rogan Josh

Maakt 6 porties

Ingrediënten:

- 8 teentjes knoflook, geperst
- 3 theelepels geraspte gember
- 2 theelepels gemalen komijn
- 1 theelepel chilipoeder
- 2 theelepels paprikapoeder
- 2 theelepels gemalen koriander
- 1 kg lamsbout of lamsschouder zonder been, in blokjes van 3 cm gesneden
- 3 eetlepels ghee of olie
- 1 ui, fijngehakt
- 6 kardemompeulen, gekneusd
- 4 kruidnagels
- 2 Indiase laurierblaadjes (cassia).
- 1 kaneelstokje
- 185 g yoghurt op Griekse wijze
- 4 saffraandraadjes, gemengd met 2 eetlepels melk

- ¼ theelepel garam masala

Routebeschrijving:

a) Meng de knoflook, gember, komijn, chilipoeder, paprika en koriander in een grote kom. Voeg het vlees toe en roer grondig om te coaten. Dek af en marineer minimaal 2 uur, of een nacht, in de koelkast.

b) Verhit de ghee of olie in een vuurvaste braadpan of karahi op laag vuur. Voeg de ui toe en bak ongeveer 10 minuten, of tot de ui lichtbruin is. Haal uit de schaal.

c) Voeg de kardemompeulen, kruidnagel, laurierblaadjes en kaneel toe aan het gerecht en bak 1 minuut.

d) Zet het vuur hoog, voeg het vlees en de ui toe, meng goed en bak 2 minuten. Roer goed, zet het vuur laag, dek af en kook gedurende 15 minuten.

e) Dek af en bak nog eens 3-5 minuten, of tot het vlees vrij droog is. Voeg 100 ml (3½ oz) water toe, dek af en kook gedurende 5-7 minuten, tot het water is verdampt en de olie zich afscheidt en op het oppervlak drijft.

f) Bak het vlees nog 1-2 minuten en voeg dan 250 ml water toe. Dek af en kook gedurende 40-50 minuten, zachtjes sudderend tot het vlees gaar is. De vloeistof zal behoorlijk verminderen.

g) Roer de yoghurt erdoor als het vlees bijna mals is en zorg ervoor dat het vlees niet aan de bodem van de schaal blijft haken. Voeg de saffraan en melk toe. Roer het mengsel een paar keer om de saffraan erdoor te mengen. Breng op smaak met zout.

h) Haal van het vuur en besprenkel met de garam masala.

74. Lamsvlees in Balti-stijl

Maakt 4 porties

Ingrediënten:

- 1 kg lamsboutsteaks, in blokjes van 3 cm gesneden
- 2 eetlepels kant-en-klare balti masala pasta
- 2 eetlepels ghee of olie
- 3 teentjes knoflook, geperst
- 1 eetlepel garam masala
- 1 grote ui, fijngehakt
- 2 eetlepels gehakte korianderblaadjes, plus extra voor garnering

Routebeschrijving:

a) Verwarm de oven voor op 190°C (375°F/Gas 5). Doe het vlees, 1 eetlepel balti masala pasta en 375 ml (13 oz/1½ kopjes) kokend water in een grote braadpan of karahi en meng. Bak, afgedekt, in de oven gedurende 30-40 minuten, of tot ze bijna gaar zijn. Giet af, bewaar de bouillon.

b) Verhit de ghee of olie in een wok, voeg de knoflook en garam masala toe en roerbak 1 minuut op middelhoog vuur. Voeg de ui toe en bak 5-7 minuten, of tot de ui zacht en goudbruin is.

c) Verhoog het vuur, voeg de resterende balti masala pasta en het lamsvlees toe. Bak 5 minuten om het vlees bruin te laten worden. Voeg langzaam de gereserveerde bouillon toe en laat op laag vuur, af en toe roeren, 15 minuten sudderen.

d) Voeg de gehakte korianderblaadjes en 185 ml water toe en laat 15 minuten sudderen, of tot het vlees zacht is en de saus iets is ingedikt.

e) Breng op smaak met zout en versgemalen zwarte peper en garneer met extra korianderblaadjes.

75. Zure lams & bamboe curry

Maakt 4 porties

Ingrediënten:

- 1 theelepel witte peperkorrels
- 1 theelepel garnalenpasta
- 30 g gedroogde garnalen
- 6 lente-uitjes (lente-uitjes), in plakjes
- 60 g gesneden jalapeño pepers
- 2 stengels citroengras, alleen het witte gedeelte, in dunne plakjes gesneden
- 6 teentjes knoflook, geperst
- 4 korianderwortels, gehakt
- 2 theelepels gemalen laos
- 1 theelepel chilipoeder
- 80 ml vissaus
- 80 ml limoensap
- 1 theelepel gemalen kurkuma
- 500 g lamsbout zonder bot, ontdaan van overtollig fa
- 1 eetlepel olie

- 1 eetlepel geschaafde palmsuiker (rietsuiker)
- 250 ml kokosroom
- 60 g tamarindepuree
- 1½ eetlepel vissaus
- 400 g stukjes bamboescheut uit blik, in dikke partjes gesneden
- 200 g sperziebonen, in stukken van 4 cm gesneden

Routebeschrijving:

a) Bak de peperkorrels en de garnalenpasta gewikkeld in folie in een koekenpan op middelhoog vuur gedurende 2-3 minuten, of tot geurig. Laat afkoelen. Gebruik een vijzel met een stamper of een kruidenmolen om te pletten of te malen tot een poeder.

b) Verwerk de gedroogde garnalen in een keukenmachine tot ze heel fijn versnipperd zijn en een 'floss' vormen.

c) Doe de geplette peperkorrels, garnalenpasta en gedroogde garnalen met de overige ingrediënten voor de currypasta in een keukenmachine of in een vijzel met stamper en maal of stamp tot een gladde pasta.

d) Snijd het lamsvlees in reepjes van 5 cm x 2 cm (2 in x ¾ in) en 3 mm (1/8 in) dik. Verhit de olie in een braadpan met dikke bodem op middelhoog vuur en voeg 2-3 eetlepels pasta toe. Roer constant en voeg de palmsuiker toe. Als de palmsuiker is opgelost, voeg je het lamsvlees toe, roer ongeveer 7 minuten, of tot het licht goudbruin is.

e) Voeg de kokosroom, 250 ml water, tamarinde, vissaus en bamboe toe. Breng aan de kook, zet het vuur lager en laat ongeveer 20 minuten sudderen, of tot het gaar is.

f) Voeg de bonen toe en laat nog 3 minuten sudderen. Breng op smaak en serveer.

76. Koriander lamsvlees

Maakt 6 porties

Ingrediënten:

- 1½ eetlepel gehakte gember
- 2½ eetlepel citroensap
- 1 kg (2 lb 4 oz) lamsbout of -schouder, in blokjes
- 1½ eetlepel korianderzaad
- 1 theelepel zwarte peperkorrels
- 2 tomaten, in stukjes
- 2 theelepels tomatenpuree
- 3 lange groene pepers, zonder zaadjes, fijngehakt
- 1 handvol korianderstengels en -wortels, grof gehakt
- 3 eetlepels olie
- 250 ml kippenbouillon
- 2 eetlepels gewone yoghurt
- 1 grote handvol korianderblaadjes, fijngehakt, om te serveren

Routebeschrijving:

a) Doe de knoflook, gember, citroensap en zoveel water tot een pasta in een keukenmachine, of in een vijzel met stamper, en pureer of stamp tot een gladde pasta.

b) Doe het lamsvlees in een niet-metalen kom, voeg de knoflookpasta toe en meng goed om te combineren. Dek af en zet 2 uur in de koelkast.

c) Bak de korianderzaadjes en peperkorrels droog in een koekenpan op middelhoog vuur gedurende 2-3 minuten, of tot geurig. Laat afkoelen. Gebruik een vijzel met een stamper of een kruidenmolen om te pletten of te malen tot een poeder.

d) Doe de gemalen kruiden, tomaat, tomatenpuree, chilipepers en korianderstengels en -wortels in een keukenmachine of in een vijzel met stamper en maal of stamp tot een gladde pasta.

e) Verhit de olie in een pan met dikke bodem op middelhoog vuur. Bak het lamsvlees in porties bruin. Als al het lamsvlees gaar is, doe je het terug in de pan met de tomaten-chilipasta en de bouillon.

f) Breng aan de kook en laat sudderen, dek af en kook gedurende $1\frac{1}{2}$ uur, verwijder het deksel en kook nog eens 15 minuten, of tot het lamsvlees heel zacht is. Schep tijdens het koken alle olie af die aan de oppervlakte komt en gooi deze weg.

g) Haal van het vuur en roer voorzichtig door de yoghurt, garneer met gehakte korianderblaadjes en serveer.

77. Curry van lam en spinazie

Maakt 6 porties

Ingrediënten:

- 2 theelepels korianderzaad
- 1½ theelepel komijnzaad
- 3 eetlepels olie
- 1 kg lamsbout of lamsschouder zonder been, in blokjes van 2,5 cm gesneden
- 4 uien, fijngehakt
- 2 kruidnagels
- kardemom
- 1 kaneelstokje
- 10 zwarte peperkorrels
- 4 Indiase laurierblaadjes (cassia).
- 3 theelepels garam masala
- ¼ theelepel gemalen kurkuma
- 1 theelepel paprikapoeder
- 1½ eetlepel geraspte gember
- 4 teentjes knoflook, geperst

- 185 g yoghurt op Griekse wijze
- 450 g bladeren van amarant of Engelse spinazie, grof gehakt

Routebeschrijving:

a) Bak de koriander en het komijnzaad droog in een koekenpan op middelhoog vuur gedurende 2-3 minuten, of tot geurig. Laat afkoelen. Gebruik een vijzel met een stamper of een kruidenmolen om te pletten of te malen tot een poeder.

b) Verhit de olie in een vuurvaste braadpan op laag vuur en bak een paar stukjes vlees per keer tot ze bruin zijn. Haal uit de schaal.

c) Voeg indien nodig meer olie toe aan het gerecht en bak de ui, kruidnagel, kardemompeulen, kaneelstokje, peperkorrels en laurierblaadjes tot de ui lichtbruin is. Voeg de komijn en koriander, garam masala, kurkuma en paprika toe en bak 30 seconden.

d) Voeg het vlees, de gember, de knoflook, de yoghurt en 425 ml water toe en breng aan de kook. Zet het vuur lager, dek af en kook $1\frac{1}{2}$-2 uur, of tot het vlees heel mals is.

e) In dit stadium zou het meeste water verdampt moeten zijn. Als dit niet het geval is, verwijdert u het deksel, verhoogt u het vuur en kookt u tot het vocht is verdampt.

f) Kook de spinazie kort in een beetje kokend water tot hij net geslonken is en spoel af met koud water. Giet grondig af en hak vervolgens fijn. Knijp eventueel extra water eruit.

g) Voeg de spinazie toe aan het lamsvlees en kook 3 minuten, of tot de spinazie en het lamsvlees goed gemengd zijn en eventueel extra vocht is verdampt.

78. Lamsgehakt met sinaasappel

Maakt 6 porties

Ingrediënten:

- 3 eetlepels olie
- 2 uien, fijngesneden
- 4 teentjes knoflook, geperst
- 3 theelepels fijngeraspte gember
- 2 theelepels gemalen komijn
- 2 theelepels gemalen koriander
- 1 theelepel gemalen kurkuma
- 1 theelepel cayennepeper
- 1 theelepel garam masala
- 1 kg (2 lb 4 oz) gehakt (gemalen) lamsvlees
- 90 g ($3\frac{1}{4}$ oz/1/3 kop) yoghurt
- 250 ml sinaasappelsap
- 2 theelepels sinaasappelschil
- 1 laurierblad
- 1 lange groene chilipeper, zonder zaadjes, fijngesneden

- 1 handvol korianderblaadjes, grof gehakt
- 1 handvol munt, grof gehakt

Routebeschrijving:

a) Verhit de olie in een grote koekenpan met dikke bodem op middelhoog vuur. Voeg de ui, knoflook en gember toe en fruit 5 minuten. Voeg de komijn, koriander, kurkuma, cayennepeper en garam masala toe en kook nog 5 minuten.

b) Zet het vuur hoog, voeg het lamsgehakt toe en kook, onder voortdurend roeren om het vlees te breken. Voeg de yoghurt toe, lepel voor lepel, al roerend zodat het goed mengt. Voeg het sinaasappelsap, de schil en het laurierblad toe.

c) Breng aan de kook en laat sudderen, dek af en kook gedurende 45 minuten, of tot ze zacht zijn. Schep tijdens het koken alle olie af die aan de oppervlakte komt en gooi deze weg.

d) Breng goed op smaak en roer voor het serveren de groene peper, koriander en munt erdoor.

79. Lamscurry met munt

Maakt 6 porties

Ingrediënten:

- 1 kg lamsschouder, in blokjes van 2 cm gesneden
- 4 uien, fijngesneden
- 3 teentjes knoflook, geperst
- 3 theelepels fijngehakte gember
- 1 theelepel cayennepeper
- 1 theelepel kurkuma
- 125 ml kippenbouillon
- 1 handvol korianderblaadjes en steeltjes
- 1 handvol munt
- 3 lange groene pepers
- 3 eetlepels citroensap
- 1 theelepel suiker

Routebeschrijving:

a) Doe het lamsvlees, de uien, de knoflook, de gember, de cayennepeper, de kurkuma en de kippenbouillon in een pan met dikke bodem op middelhoog vuur.

b) Breng aan de kook, zet het vuur laag, dek af en laat 2 uur koken. Schuim het oppervlak af om eventuele olie te verwijderen en gooi het weg.

c) Doe de korianderblaadjes en -stengels, muntblaadjes, groene pepers, citroensap en 2 eetlepels kookvocht van de curry in een keukenmachine of in een vijzel met stamper en pureer of pureer tot een gladde massa.

d) Giet bij het lamsmengsel, zet terug op het vuur tot het net weer kookt.

e) Voeg de suiker toe, breng goed op smaak en serveer.

80. Lamsrizala

Maakt 6 porties

Ingrediënten:

- 2 uien, gesnipperd
- 1 eetlepel geraspte gember
- 4 teentjes knoflook, geperst
- 1 theelepel gemalen kaneel
- 3 eetlepels ghee of olie
- 1 kg lamsschouder, in blokjes
- 125 g yoghurt naturel
- 250 ml kippenbouillon
- 40 g krokant gebakken ui
- 3 rode pepers, zonder zaadjes, fijngesneden
- 1 eetlepel suiker
- 3 eetlepels limoensap

Routebeschrijving:

a) Doe de uien, gember, knoflook, kaneel en 3 eetlepels water in een keukenmachine, of in een vijzel met stamper, en maal of stamp tot een gladde pasta.

b) Verhit de ghee of olie in een pan met dikke bodem op hoog vuur. Bak het lamsvlees in porties bruin en zet opzij.

c) Zet het vuur laag, voeg de uienpasta toe en kook 5 minuten onder voortdurend roeren. Doe het lamsvlees terug in de pan en roer om te combineren, voeg de yoghurt lepel voor lepel toe en roer goed om op te nemen.

d) Voeg de kippenbouillon en de krokant gebakken ui toe. Breng aan de kook, dek af en kook op laag vuur gedurende 2 uur. Schep tijdens het koken alle olie af die aan de oppervlakte komt en gooi deze weg.

e) Voeg als het lamsvlees gaar is de pepers, suiker en limoensap toe en kook nog 5 minuten voor het opdienen.

VARKENS CURRY

81. Varkenshaasje in Groene Curry

Maakt 4 porties

Ingrediënten:

Voor de ossenhaas:

- 1/4 kopje sojasaus, natriumarm
- 2 eetlepels sinaasappelsap, vers
- 1 Eetlepel ahornsiroop, puur
- 1 eetlepel sesamolie, geroosterd
- 1 x 1 & 1/2 pond. varkenshaas
- Zout, koosjer, zoals gewenst
- 1 eetlepel druivenpitolie

Voor montage & saus:

- 1 Eetlepel + 1/2 kopje druivenpitolie
- 1 middelgrote, gehakte sjalot
- 1 teentje knoflook
- 1/4 kopje groene currypasta, bereid
- 1 theelepel limoenschil, fijngeraspt
- 1 x 14 & 1/2-oz. blikje kokosmelk, ongezoet

- 1 eetlepel nectar, agave
- 1 Eetlepel limoensap, vers
- 1/4 kopje korianderblaadjes + extra om te serveren
- Geroosterde, ongezouten pompoenpitten

Routebeschrijving:

a) Om de ossenhaas te bereiden, combineer ahornsiroop, sinaasappelsap, sojasaus en sesamolie in een grote voedselzak. Toevoegen

b) de ossenhaas, pers de lucht eruit en sluit de zak. Keer één keer om tijdens het koelen gedurende 8 tot 12 uur. Verwijder vervolgens de ossenhaas. Gooi de marinade weg. Kruid naar wens.

c) Verwarm de oven voor op 250F. Verhit de olie in een ovenvaste, grote koekenpan op middelhoog vuur. Draai de ossenhaas af en toe tijdens het koken gedurende 5-7 minuten, totdat alle kanten bruin zijn. Breng de koekenpan over naar de oven. Rooster op 250F gedurende 20 tot 25 minuten. Leg het vlees op de snijplank en laat het 10+ minuten rusten voordat je het aansnijdt.

d) Verhit 1 eetlepel olie in een grote pan op middelhoog vuur. Roer knoflook en sjalot vaak tijdens het koken gedurende 3-4 minuten, tot ze zacht zijn. Voeg de currypasta en limoenrasp toe. Roer constant tijdens het koken gedurende 4-5 minuten tot de pasta geurig en iets donkerder is.

e) Voeg de kokosmelk toe. Breng het mengsel naar Sim. Laat 20 tot 25 minuten koken, tot de helft is ingekookt. Laat het currymengsel afkoelen.

f) Doe het currymengsel in een keukenmachine. Voeg limoensap, agave, 2 eetlepels water en 1/4 kopje koriander toe. Mix tot het vrij glad is. Voeg de laatste 1/2 kop olie toe in een gestage stroom. Mix vervolgens tot de saus geëmulgeerd en dik is. Doe over in een kleine pan. Verhit op middelhoog vuur tot het goed is opgewarmd. Serveer varkensvlees en saus gegarneerd met pompoenpitten en koriander.

82. Appel & Varkenscurry

Maakt 8 porties

Ingrediënten:

- 2 pond. van 1 "-blokje varkenslende gebraden, zonder been
- 1 geschilde, in stukjes gesneden appel, medium
- 1 gesnipperde ui, klein
- 1/2 kopje sinaasappelsap
- 1 fijngehakt teentje knoflook
- 1 theelepel gegranuleerde kippenbouillon
- 1 Eetlepel kerriepoeder
- 1/2 theelepel koosjer zout
- 1/2 theelepel gember, gemalen
- 1/4 theelepel kaneel, gemalen
- 2 Eetlepels maizena
- 2 eetlepels water, koud
- Optioneel: gekookte, hete rijst
- 1/4 kopje geroosterde, geraspte, gezoete kokosnoot
- 1/4 kopje rozijnen

Routebeschrijving:

a) Combineer de eerste 10 bovenstaande ingrediënten in een kleine slowcooker. Bedek de slowcooker. Kook op de lage stand gedurende 6 uur (mag minder zijn, zolang het vlees maar mals wordt).

b) Verhoog de slowcooker naar de hoge stand. Combineer water en maïszetmeel in een kleine mengkom tot een gladde massa. Voeg toe en roer in de slowcooker. Deksel terug plaatsen. Roer een keer tijdens het koken tot het ingedikt is, 1/2 uur. Serveer naast rijst op borden of in kommen. Strooi kokos en rozijnen erover, indien gebruikt.

83. Curry-Gegrild Varkensvlees

Maakt 4 porties

Ingrediënten:

- 1 x 13 & 1/2-oz. blikje kokosmelk, ongezoet
- 2 eetlepels vissaus
- 2 eetlepels sojasaus, natriumarm
- 1 Eetlepel suiker, gegranuleerd
- 1 theelepel zout, koosjer
- 3/4 theelepel peper, wit
- 1/2 theelepel kurkuma, gemalen
- 1/2 theelepel kerriepoeder
- 3/4 kopje gecondenseerde melk, gezoet
- 1 & 1/2 pond. van 4 x 1/2 "in reepjes gesneden varkensschouder, zonder been
- 4 Oz. van 1/2" gesneden stukken fatback

Routebeschrijving:

a) Breng de kokosmelk, sojasaus, vissaus, zout, gemalen peper, suiker, kurkuma en kerriepoeder onder af en toe roeren aan de kook in een middelgrote pan. Zet het vuur lager. Laat 10 tot 15 minuten sudderen tot de smaken zijn versmolten en de saus bubbelt.

b) Breng het mengsel over in een grote kom. Laat iets afkoelen en roer dan de gecondenseerde melk erdoor. Proef de saus en breng op smaak naar wens.

c) Voeg het varkensvlees toe. Gooi terwijl je varkensvlees masseert met je handen. Omslag. Een uurtje koelen.

d) Bereid de grill voor op middelhoog vuur.

e) Rijg 1 stuk vetrug in het midden van spiesen. Rijg op varkensvlees. Draai af en toe tijdens het grillen gedurende 4-5 minuten, tot ze volledig gaar en licht verkoold zijn. Dienen.

84. Varkenscurry met aubergine

Maakt 6 porties

Ingrediënten:

- 4 lange rode pepers, in de lengte doorgesneden, zonder zaadjes
- 1 dikke plak laos, gehakt
- 1 lente-ui (ui), gesnipperd
- 2 teentjes knoflook, gehakt
- 2 korianderwortels, gehakt
- 1 stengel citroengras, alleen het witte gedeelte, in dunne plakjes gesneden
- 1 theelepel gemalen witte peper
- 1 theelepel garnalenpasta
- 1 theelepel vissaus
- 2 eetlepels knapperige pindakaas
- 600 g varkensschouder
- 1 dikke plak gember
- 2 eetlepels geschaafde palmsuiker
- 80 ml vissaus
- 400 ml kokosroom (blik niet schudden)

- 250 g aubergine in blokjes van 2 cm gesneden
- 225 g (8 oz) bamboescheuten uit blik of 140 g (5 oz) uitgelekt, in plakjes
- 1 grote handvol Thaise basilicum, gehakt

Routebeschrijving:

a) Doe de gespleten pepers in een ondiepe kom en giet er zoveel heet water over dat ze net onder staan en 15 minuten laten rusten, of tot ze zacht zijn. Giet af en bewaar 1 eetlepel van het weekvocht.

b) Doe de chilipepers en het bewaarde weekvocht met de overige ingrediënten voor de currypasta, behalve de pindakaas, in een keukenmachine of in een vijzel met stamper en pureer of stamp tot een gladde pasta. Roer de pindakaas erdoor.

c) Snijd het varkensvlees in plakken van 1 cm dik. Doe in een pan en bedek met water. Voeg de gemberschijf, 1 eetlepel palmsuiker en 1 eetlepel vissaus toe.

d) Breng op hoog vuur aan de kook, zet het vuur laag en kook gedurende 20-25 minuten, of tot het vlees gaar is.

e) Haal van het vuur en laat het vlees afkoelen in de vloeibare bouillon. Zeef vervolgens en bewaar 250 ml kookvocht.

f) Doe de dikke kokosroom van de bovenkant van het blik in een steelpan, breng aan de kook op middelhoog vuur, af en toe roerend, en kook gedurende 5-10 minuten, of tot het mengsel 'splitst' (de olie begint te scheiden).

g) Voeg de currypasta en de resterende palmsuiker en vissaus toe en breng aan de kook. Laat sudderen en kook ongeveer 3 minuten, of tot geurig.

h) Voeg het varkensvlees, de aubergine, de gesneden bamboe, het gereserveerde kookvocht van het varkensvlees en de resterende kokosroom toe.

i) Zet het vuur hoger en breng opnieuw aan de kook. Zet het vuur lager en kook nog 20-25 minuten, of tot de aubergine zacht is en de saus iets is ingedikt. Werk af met de basilicumblaadjes.

85. Sri Lankaanse gefrituurde varkenscurry

Maakt 6 porties

Ingrediënten:

- 80 ml olie
- 1,25 kg (2 lb 12 oz) varkensschouder zonder been, in blokjes van 3 cm (1¼ inch) gesneden
- 1 grote rode ui, fijngehakt
- 3-4 teentjes knoflook, geperst
- 1 eetlepel geraspte gember
- 10 kerrieblaadjes
- 1 theelepel fenegriekzaden
- 1 theelepel chilipoeder
- 6 kardemompeulen, gekneusd
- 2½ eetlepels Sri Lankaanse kerriepoeder
- 1 eetlepel witte azijn
- 3 eetlepels tamarindeconcentraat
- 270 ml kokosroom

Routebeschrijving:

a) Verhit de helft van de olie in een grote pan op hoog vuur, voeg het vlees toe en bak het in delen gedurende 6 minuten, of tot het goed bruin is. Haal uit de pan. Verhit de resterende olie, voeg de ui toe en bak op middelhoog vuur gedurende 5 minuten, of tot ze lichtbruin zijn.

b) Voeg de knoflook en gember toe en bak 2 minuten. Roer de kerrieblaadjes, kruiden en kerriepoeder erdoor en kook 2 minuten, of tot geurig. Roer de azijn en 1 theelepel zout erdoor.

c) Doe het vlees terug in de pan, voeg het tamarindeconcentraat en 310 ml ($10\frac{3}{4}$ oz/$1\frac{1}{4}$ kopjes) water toe en laat het, afgedekt, af en toe roeren, 40-50 minuten sudderen, of tot het vlees gaar is.

d) Roer de kokosroom erdoor en laat zonder deksel 15 minuten sudderen, of tot de saus is ingedikt en iets is ingedikt. Serveer onmiddellijk.

86. Varkensvlees vindaloo

Maakt 4 porties

Ingrediënten:

- 1 kg (2 lb 4 oz) varkensfilet
- 3 eetlepels olie
- 2 uien, fijngehakt
- 4 teentjes knoflook, geperst
- 1 eetlepel fijngehakte gember
- 1 eetlepel garam masala
- 2 theelepels bruine mosterdzaadjes
- 4 eetlepels kant en klare vindaloo pasta

Routebeschrijving:

a) Ontdoe de varkenshaas van overtollig vet en pezen en snijd in hapklare stukjes.

b) Verhit de olie in een pan, voeg het vlees in kleine porties toe en bak op middelhoog vuur gedurende 5-7 minuten, of tot het bruin is. Haal uit de pan.

c) Voeg de ui, knoflook, gember, garam masala en mosterdzaad toe aan de pan en kook, al roerend, gedurende 5 minuten, of tot de ui zacht is.

d) Doe al het vlees terug in de pan, voeg de vindaloo pasta toe en kook al roerend 2 minuten. Voeg 625 ml water toe en breng aan de kook.

e) Zet het vuur lager en laat afgedekt 1½ uur sudderen, of tot het vlees zacht is.

87. Curry van varkensvlees en kardemom

Maakt 4 porties

Ingrediënten:

- 10 kardemompeulen
- 6 cm (2½ inch) stuk gember, gehakt
- 3 teentjes knoflook, geperst
- 2 theelepels zwarte peperkorrels
- 1 kaneelstokje
- 1 ui, fijngesneden
- 1 theelepel gemalen komijn
- 1 theelepel gemalen koriander
- 1 theelepel garam masala
- 3 eetlepels olie
- 1 kg (2 lb 4 oz) varkensfilet, dun gesneden
- 2 tomaten, in fijne blokjes
- 125 ml kippenbouillon
- 125 ml kokosmelk

Routebeschrijving:

a) Plet de kardemompeulen lichtjes met de platte kant van een zwaar mes. Verwijder de zaden, gooi de peulen weg.

b) Doe de zaden en de overige ingrediënten voor de currypasta in een keukenmachine, of in een vijzel met stamper, en pureer of stamp tot een gladde pasta.

c) Doe 2½ eetlepel olie in een grote braadpan met dikke bodem en bak het varkensvlees in porties tot het bruin is en zet opzij.

d) Voeg de resterende olie toe aan de pan, voeg dan de currypasta toe en kook op middelhoog vuur gedurende 3-4 minuten, of tot het geurig is.

e) Voeg de tomaat, kippenbouillon en kokosmelk toe en laat afgedekt op laag-middelhoog vuur 15 minuten sudderen.

f) Schep tijdens het koken alle olie af die aan de oppervlakte komt en gooi deze weg.

g) Voeg het varkensvlees toe aan de saus en laat het onafgedekt 5 minuten sudderen, of tot het gaar is.

88. Varkenscurry met vijf kruiden

Maakt 4 porties

Ingrediënten:

- 500 g (1 lb 2 oz) varkenssparren krenten
- 1½ eetlepel olie
- 2 teentjes knoflook, geperst
- 190 g gebakken tofu soezen
- 1 eetlepel fijngehakte gember
- 1 theelepel vijfkruiden
- 1 theelepel gemalen witte peper
- 3 eetlepels vissaus
- 3 eetlepels ketjap manis
- 2 eetlepels lichte sojasaus
- 35 g geschaafde palmsuiker
- 1 klein handvol korianderblaadjes, gehakt
- 100 g (3½ oz), in dunne plakjes gesneden peultjes

Routebeschrijving:

a) Snijd de spareribs in stukken van 2,5 cm dik, gooi kleine stukjes bot weg. Doe in een pan en bedek met koud water. Breng aan de kook en laat sudderen en kook gedurende 5 minuten. Giet af en zet opzij.

b) Verhit de olie in een pan met dikke bodem op middelhoog vuur. Voeg het varkensvlees en de knoflook toe en roer tot ze lichtbruin zijn.

c) Voeg overige ingrediënten toe, behalve peultjes, plus 560 ml (19$\frac{1}{4}$ oz/2$\frac{1}{4}$ kopjes) water.

d) Dek af, breng aan de kook, laat sudderen en kook, af en toe roerend, gedurende 15-18 minuten, of tot het varkensvlees zacht is.

e) Roer de peultjes erdoor en serveer.

89. Varkenscurry met groene kruiden

Maakt 6 porties

Ingrediënten:

- 2 theelepels korianderzaad
- 2 theelepels venkelzaad
- 1 theelepel gemalen witte peper
- 1½ eetlepel geraspte gember
- 6 teentjes knoflook, geperst
- 2 uien, gesnipperd
- 3 eetlepels olie
- 1 kg varkensschouder, in blokjes van 2 cm gesneden
- 250 ml kippenbouillon
- 125 g yoghurt naturel
- 1 flinke handvol koriander
- 1 grote handvol dille, grof gehakt

Routebeschrijving:

a) Bak het koriander- en venkelzaad droog in een koekenpan op middelhoog vuur gedurende 2-3 minuten, of tot geurig. Laat afkoelen. Gebruik een vijzel met een stamper of een kruidenmolen om te pletten of te malen tot een poeder.

b) Doe het gemalen koriander- en venkelzaad samen met de peper, gember, knoflook en ui in een keukenmachine of in een vijzel met stamper en maal of stamp tot een gladde pasta. Voeg eventueel wat water toe als het te dik is.

c) Verhit 2 eetlepels olie in een pan met dikke bodem op hoog vuur en bak het varkensvlees in porties bruin. Opzij zetten.

d) Zet het vuur laag, voeg de resterende olie toe en kook de kruiden- en uienpasta, onder voortdurend roeren, 5-8 minuten. Voeg het varkensvlees terug toe aan de pan en roer om te coaten met de pasta.

e) Voeg de kippenbouillon toe, zet het vuur hoog en breng aan de kook. Laat het dan heel langzaam sudderen, dek af en kook gedurende 2-2½ uur, of tot het varkensvlees heel zacht is. Roer tijdens het koken af en toe en schep de olie die aan de oppervlakte komt af en gooi deze weg.

f) Doe de yoghurt, gehakte koriander, dille en 3 eetlepels van het kookvocht van het varkensvlees in een kan of kom en mix met een staafmixer tot een gladde massa, voeg dan weer toe aan het varkensvlees.

g) Haal van het vuur, breng goed op smaak en serveer.

90. Curry van varkensvlees, honing en amandel

Maakt 4 porties

Ingrediënten:

- 1 kaneelstokje
- 3 kardemompeulen
- 750 g (1 lb 10 oz) varkensschouder zonder been
- 1 eetlepel olie
- 2 eetlepels honing
- 3 teentjes knoflook, geperst
- 2 uien, gesnipperd
- 150 ml kippenbouillon
- 1 theelepel gemalen kurkuma
- 1 theelepel gemalen zwarte peper
- 1 theelepel geraspte citroenschil
- 1 theelepel geraspte sinaasappelschil
- 250 g (9 oz/1 kop) yoghurt
- 30 g geschaafde amandelen, geroosterd
- 1 klein handvol korianderblaadjes, gehakt

- 1 klein handje platte (Italiaanse) peterselie, gehakt

Routebeschrijving:

a) Bak de kaneel en kardemom droog in een koekenpan op middelhoog vuur gedurende 2-3 minuten, of tot geurig. Laat afkoelen. Gebruik een vijzel met een stamper of een kruidenmolen om te pletten of te malen tot een poeder.

b) Snijd het varkensvlees in blokjes van 2 cm. Verhit de olie en honing in een pan met dikke bodem op middelhoog vuur. Voeg de in blokjes gesneden varkensvlees, knoflook en ui toe en bak 8-10 minuten, of tot de ui glazig is en het varkensvlees licht goudbruin is.

c) Voeg 200 ml water en de kippenbouillon toe, breng aan de kook en laat sudderen, dek af en kook, af en toe roerend, gedurende 1 uur en 15 minuten, of tot het varkensvlees zacht is.

d) Dek af en laat 10 minuten sudderen, of totdat het meeste vocht is opgenomen. Voeg de gemalen kruiden, kurkuma, peper, 1 theelepel zout en de citroenrasp toe en laat nog 3-4 minuten sudderen.

e) Voor het opdienen zachtjes opwarmen en de yoghurt, amandelen, gehakte koriander en bladpeterselie erdoor roeren.

GRANEN/GRANEN CURRY

91. Linzen Curry

Maakt 10 porties

Ingrediënten:

- 4 kopjes water, gefilterd
- 1 x 28 oz. blik tomaten, geplet
- 3 geschilde, in blokjes gesneden middelgrote aardappelen
- 3 dun gesneden middelgrote wortels
- 1 kopje gedroogde, gespoelde linzen
- 1 gesnipperde grote ui
- 1 fijngehakte selderijrib
- 4 theelepels kerriepoeder
- 2 laurierblaadjes, gedroogd
- 2 fijngehakte teentjes knoflook
- 1 & 1/4 theelepel zout, koosjer

Routebeschrijving:

a) Combineer de eerste 10 bovenstaande ingrediënten in de slowcooker.

b) Kook op de hoge stand tot de linzen en groenten zacht zijn, ongeveer 6 uur.

c) Voeg zout toe en roer. Gooi de laurierblaadjes weg en serveer.

92. Bloemkool & Kikkererwten Curry

Maakt 4 porties

Ingrediënten:

- 2 pond. van geschilde, 1/2 "-in blokjes gesneden aardappelen
- 1 in roosjes gesneden kleine bloemkool
- 1 x 15-oz. blikje afgespoelde, uitgelekte kikkererwten
- 2 theelepels kerriepoeder
- 3 eetlepels olie, olijven
- 3/4 theelepel zout, koosjer
- 1/4 theelepel peper, zwart
- 3 eetlepels gehakte peterselie of koriander

Routebeschrijving:

a) Smeer een kookpan van 15 "x 10" x 1 "in met antiaanbakspray. Verwarm de oven voor op 400F.

b) Plaats de eerste zeven ingrediënten in een grote kom en bedek ze door ze te gooien. Breng ze over naar de kookpan.

c) Rooster in 400F gedurende 30 tot 35 minuten terwijl je af en toe roert, tot de groenten zacht worden. Bestrooi met koriander of peterselie. Dienen.

93. Kikkererwten & Quinoa Curry

Maakt 4 porties

Ingrediënten:

- 1 & 1/2 kopjes water, gefilterd
- 1/2 kopje sinaasappelsap
- 1 x 15-oz. blikje afgespoelde, uitgelekte kikkererwten of kikkererwten
- 2 ontpitte, gehakte tomaten, medium
- 1 julienned medium rode paprika, zoet
- 1 kop afgespoelde quinoa
- 1 fijngehakte kleine ui, rood
- 1 theelepel kerriepoeder
- 1/2 kopje rozijnen, goudbruin of donker
- 1/2 kop gehakte koriander, vers

Routebeschrijving:

a) Breng in een grote pan het water en vers of gebotteld sinaasappelsap aan de kook. Voeg tomaten, kikkererwten, quinoa, rode pepers, uien, kerrie en rozijnen toe en roer erdoor. Breng het mengsel terug aan de kook. Verlaag vervolgens het vuur.

b) Dek de pan af. Laat sudderen tot het mengsel de vloeistof absorbeert, 15 tot 20 minuten.

c) Haal de pan van het vuur. Fluff en strooi koriander over het kerriemengsel. Heet opdienen.

94. Dale kerrie

Maakt 4 porties

Ingrediënten:

- 200 g rode linzen
- 3 dikke plakjes gember
- 1 theelepel gemalen kurkuma
- 1 eetlepel ghee of olie
- 2 teentjes knoflook, geperst
- 1 ui, fijngehakt
- 1 theelepel geel mosterdzaad
- snuifje asafoetida, optioneel
- 1 theelepel komijnzaad
- 1 theelepel gemalen koriander
- 2 groene pepers, in de lengte gehalveerd
- 2 eetlepels citroensap

Routebeschrijving:

a) Doe de linzen en 750 ml water in een pan en breng aan de kook. Zet het vuur lager, voeg de gember en kurkuma toe en laat 20 minuten sudderen, afgedekt, of tot de linzen gaar zijn. Roer af en toe om te voorkomen dat de linzen aan de pan blijven plakken. Verwijder de gember en breng het linzenmengsel op smaak met zout.

b) Verhit de ghee of olie in een koekenpan, voeg de knoflook, ui en mosterdzaad toe en bak op middelhoog vuur gedurende 5 minuten, of tot de ui goudbruin is.

c) Voeg de asafoetida, komijnzaad, gemalen koriander en chili toe en kook 2 minuten.

d) Voeg het uienmengsel toe aan de linzen en roer voorzichtig om te combineren. Voeg 125 ml water toe, zet het vuur laag en laat 5 minuten koken. Roer het citroensap erdoor en serveer.

95. Stom hoor

Maakt 6 porties

Ingrediënten:

- 4 kardemompeulen
- 1 theelepel geraspte gember
- 2 teentjes knoflook, geperst
- 3 rode pepers
- 1 theelepel komijnzaad
- 40 g cashewnoten
- 1 eetlepel wit maanzaad
- 1 kaneelstokje
- 6 kruidnagel
- 1 kg universele aardappelen, in blokjes
- 2 uien, grof gehakt
- 2 eetlepels olie
- ½ theelepel gemalen kurkuma
- 1 theelepel kikkererwtenmeel
- 250 g (9 oz/1 kop) yoghurt
- korianderblaadjes, twee garnituren

Routebeschrijving:

a) Plet de kardemompeulen lichtjes met de platte kant van een zwaar mes. Verwijder de zaden, gooi de peulen weg.

b) Doe de zaden en de overige ingrediënten voor de currypasta in een keukenmachine, of in een vijzel met stamper, en pureer of stamp tot een gladde pasta.

c) Breng een grote pan met licht gezouten water aan de kook. Voeg de aardappel toe en kook 5-6 minuten, of tot ze net gaar zijn, en giet ze af.

d) Doe de uien in een keukenmachine en verwerk ze in korte bursts tot ze fijngehakt maar niet gepureerd zijn.

e) Verhit de olie in een grote pan, voeg de ui toe en bak 5 minuten op laag vuur. Voeg de currypasta toe en kook al roerend nog 5 minuten, of tot geurig. Roer de aardappel, kurkuma, zout naar smaak en 250 ml koud water erdoor.

f) Zet het vuur lager en laat het, goed afgedekt, 10 minuten sudderen, of tot de aardappel gaar is maar niet uit elkaar valt en de saus iets is ingedikt.

g) Meng de besan met de yoghurt, voeg toe aan het aardappelmengsel en kook, al roerend, op laag vuur gedurende 5 minuten, of tot het weer ingedikt is.

h) Garneer met de korianderblaadjes en serveer.

96. Paneer en erwtencurry

Maakt 5 porties

Ingrediënten:

paneren

- 2 liter melk
- 80 ml citroensap
- olie om in te frituren

Curry pasta

- 2 grote uien
- 3 teentjes knoflook
- 1 theelepel geraspte gember
- 1 theelepel komijnzaad
- 3 gedroogde rode pepers
- 1 theelepel kardemomzaadjes
- 4 kruidnagels
- 1 theelepel venkelzaad
- 2 stuks cassia schors
- 500 g erwten
- 2 eetlepels olie

- 400 ml tomatenpassata (gepureerde tomaten)

- 1 eetlepel garam masala

- 1 theelepel gemalen koriander

- 1 theelepel gemalen kurkuma

- 1 eetlepel room (opkloppende) korianderblaadjes, twee porties

Routebeschrijving:

a) Doe de melk in een grote pan, breng aan de kook, roer het citroensap erdoor en zet het vuur uit. Roer het mengsel 1-2 seconden terwijl het gaat schiften.

b) Doe in een vergiet en laat 30 minuten staan zodat de wei eruit kan lopen. Leg de paneer wrongel op een schone, vlakke ondergrond, dek af met een bord, verzwaar en laat minimaal 4 uur staan.

c) Doe alle ingrediënten voor de currypasta in een keukenmachine, of in een vijzel met stamper, en pureer of stamp tot een gladde pasta.

d) Snijd de stevige paneer in blokjes van 2 cm ($\frac{3}{4}$ in). Vul een diepe pan met zware bodem voor een derde met olie en verwarm tot 180°C (350°F), of tot een blokje brood in 15 seconden bruin wordt.

Bak de paneer in porties 2-3 minuten, of tot ze goudbruin zijn. Laat uitlekken op keukenpapier.

e) Breng een pan met water aan de kook, voeg de erwten toe en kook 3 minuten, of tot ze gaar zijn. Giet af en zet opzij.

f) Verhit de olie in een grote pan, voeg de currypasta toe en kook op middelhoog vuur gedurende 4 minuten, of tot geurig. Voeg de gepureerde tomaat, kruiden, room en 125 ml water toe. Breng op smaak met zout en laat 5 minuten op middelhoog vuur sudderen.

g) Voeg de paneer en erwten toe en kook 3 minuten. Garneer met korianderblaadjes en serveer.

FRUIT CURRY

97. Hete en zure ananascurry

Maakt 6 porties

Ingrediënten:

- 1 halfrijpe ananas, klokhuis verwijderd, in stukjes gesneden
- ½ theelepel gemalen kurkuma
- 1 steranijs
- 1 kaneelstokje, in kleine stukjes gebroken
- 7 kruidnagel
- 7 kardemompeulen, gekneusd
- 1 eetlepel olie
- 1 ui, fijngehakt
- 1 theelepel geraspte gember
- 1 teentje knoflook, geplet
- 5 rode pepers, fijngehakt
- 1 eetlepel suiker
- 3 eetlepels kokoscrème

Routebeschrijving:

a) Doe de ananas in een pan, bedek met water en voeg de kurkuma toe. Leg de steranijs, kaneel, kruidnagel en kardemompeulen op een stuk mousseline en bind stevig vast met een touwtje.

b) Voeg toe aan de pan en kook op middelhoog vuur gedurende 10 minuten. Knijp in het zakje om de smaak eruit te halen en gooi het dan weg. Bewaar het kookvocht.

c) Verhit de olie in een koekenpan, voeg de ui, gember, knoflook en chili toe en bak al roerend 1-2 minuten, of tot geurig. Voeg de ananas en het kookvocht, suiker en zout naar smaak toe.

d) Laat 2 minuten koken en roer dan de kokosroom erdoor. Kook, al roerend, op laag vuur gedurende 3-5 minuten, of tot de saus dikker wordt. Serveer deze curry warm of koud.

98. Zoete curry met varkensvlees en ananas

Maakt 4 porties

Ingrediënten:

- 500 g (1 lb 2 oz) varkenspoot zonder bot, ontdaan van overtollig vet
- 1 eetlepel olie
- 3 teentjes knoflook, geperst
- 125 ml bruine moutazijn
- 45 g palmsuiker (rietsuiker), geschaafd
- 3 eetlepels tomatenpuree
- 1 tomaat, in partjes gesneden
- 1 ui, in dunne partjes gesneden
- 90 g ananas, in stukjes gesneden
- 1 komkommer, in de lengte gehalveerd, zonder zaadjes, in plakjes
- 1 rode paprika, in reepjes gesneden
- 2½ eetlepels gehakte jalapeño pepers
- 2 lente-uitjes, in stukjes van 5 cm gesneden
- 1 klein handvol korianderblaadjes

Routebeschrijving:

a) Snijd het varkensvlees in blokjes van 3 cm. Verhit de olie in een grote pan op middelhoog vuur.

b) Voeg het varkensvlees en de knoflook toe en bak 4-5 minuten, of tot het varkensvlees lichtbruin is.

c) Roer in een andere pan de azijn, palmsuiker, $\frac{1}{2}$ theelepel zout en de tomatenpuree op middelhoog vuur gedurende 3 minuten, of tot de palmsuiker is opgelost.

d) Voeg het azijnmengsel toe aan het varkensvlees samen met de tomaat, ui, ananas, komkommer, paprika en jalapeños.

e) Breng aan de kook, zet het vuur laag en kook 8-10 minuten, of tot het varkensvlees zacht is. Roer de lente-uitjes en koriander erdoor en serveer.

99. Curry van varkensvlees en bittere meloen

Maakt 4 porties

Ingrediënten:

- 6 bittere meloenen, in totaal ongeveer 700 g (1 lb 9 oz).
- 2 eetlepels suiker

Varkensvlees vulling

- 250 g (9 oz) gehakt (gemalen) varkensvlees
- 1 theelepel gehakte gember
- 1 theelepel witte peperkorrels, geplet
- 1 teentje knoflook, geplet
- 1 lente-ui (lente-ui), fijngehakt
- 1 theelepel paprikapoeder
- 2 eetlepels fijngehakte waterkastanjes
- 2 kaffir limoenblaadjes, dun gesneden 1½ eetlepel gemalen pinda's
- 1 klein handvol korianderblaadjes, gehakt
- 1 eetlepel geschaafde palmsuiker (rietsuiker)
- 1 eetlepel vissaus
- 3 eetlepels olie

- 1 Eetlepel kant-en-klare rode currypasta
- 1 eetlepel geschaafde palmsuiker (rietsuiker)
- 1 Eetlepel vissaus
- 250 ml kokosroom
- 4 kaffirlimoenblaadjes

Routebeschrijving:

a) Gooi de uiteinden van de bittere meloen weg en snijd ze in plakjes van 2,5 cm. Hol het vezelachtige middenmembraan en de zaden uit met een klein mes, waarbij de buitenste ringen intact blijven.

b) Breng 750 ml water aan de kook met de suiker en 3 theelepels zout. Blancheer de meloen 2 minuten en giet af.

c) Meng alle ingrediënten voor de varkensvulling. Verpak dit in de meloenstukjes. Verhit 2 eetlepels olie in een pan met dikke bodem op laag vuur en voeg de meloen toe, bak 3 minuten aan elke kant, of tot het varkensvlees goudbruin en geseald is. Opzij zetten.

d) Voeg de resterende olie toe aan de pan met de rode currypasta. Roer gedurende 3 minuten, of tot aromatisch.

e) Voeg de palmsuiker en vissaus toe en roer tot het is opgelost. Voeg de kokosroom, 250 ml water en kaffirlimoenblaadjes toe.

f) Laat 5 minuten sudderen en voeg dan voorzichtig de bittere meloen toe. Blijf sudderen, draai het varkensvlees halverwege, gedurende 20 minuten, of tot het varkensvlees gaar is en de meloen zacht is.

100. Snapper met groene bananen & mango

Maakt 4 porties

Ingrediënten:

- 3 theelepels korianderzaad
- 1 theelepel komijnzaad
- 2-3 gedroogde lange rode pepers
- 2 stengels citroengras, alleen het witte gedeelte, fijngesneden
- 3 rode Aziatische sjalotten, fijngehakt
- 2 teentjes knoflook, geperst
- 1 theelepel gemalen kurkuma
- 1 theelepel garnalenpasta
- 1 theelepel gemalen kurkuma
- 1 kleine groene banaan of bakbanaan, in dunne plakjes gesneden
- 3 eetlepels kokoscrème
- 1 eetlepel vissaus
- 1 theelepel geschaafde palmsuiker (rietsuiker
- 400 g (14 oz) snapper of andere stevige witte visfilets zonder vel, in grote blokjes gesneden

- 315 ml kokosmelk
- 1 kleine mango, net rijp, in dunne plakjes gesneden
- 1 lange groene chilipeper, fijngesneden
- 12 Thaise basilicumblaadjes

Routebeschrijving:

a) Bak de koriander en het komijnzaad droog in een koekenpan op middelhoog vuur gedurende 2-3 minuten, of tot geurig. Laat afkoelen. Gebruik een vijzel met een stamper of een kruidenmolen om te pletten of te malen tot een poeder.

b) Week de chilipepers 5 minuten in kokend water, of tot ze zacht zijn. Verwijder de stengel en de zaden en hak ze fijn.

c) Doe de chilipepers, het gemalen koriander- en komijnzaad met de overige ingrediënten voor de currypasta in een keukenmachine of in een vijzel met stamper en pureer of stamp tot een gladde pasta. Voeg een beetje olie toe als het te dik is.

d) Breng een kleine steelpan met water aan de kook. Voeg 1 theelepel zout, kurkuma en plakjes banaan toe en laat 10 minuten sudderen, giet dan af.

e) Doe de kokosroom in een pan, breng aan de kook op middelhoog vuur, af en toe roerend, en kook 5-10 minuten, of tot het mengsel 'splitst' (de olie begint te scheiden). Voeg 2 eetlepels van de gemaakte currypasta toe, roer goed om te combineren en kook tot geurig. Voeg de vissaus en suiker toe en kook nog 2 minuten of tot het mengsel donker begint te worden.

f) Voeg de stukjes vis toe en roer goed om de vis in het kerriemengsel te coaten. Voeg langzaam de kokosmelk toe tot alles is opgenomen.

g) Voeg de banaan, mango, groene peper en de basilicumblaadjes toe aan de pan en roer voorzichtig om alle ingrediënten te mengen.

h) Laat nog 1-2 minuten koken en serveer.

CONCLUSIE

Dit curry-kookboek heeft je laten zien hoe je verschillende ingrediënten kunt gebruiken om unieke, pittige smaken in veel currygerechten te beïnvloeden. Of u nu een gerecht bereidt met rundvlees, lamsvlees, varkensvlees of groenten, deze authentieke currygerechten zullen uw familie en gasten zeker bekoren.